LUNÉVILLE BRODERIE

눈부시게 반짝이는
오트쿠튀르 자수

뤼네빌 크로쉐 바늘로 만드는 오트쿠튀르 액세서리

Minami Filosa
필로사 미나미

Mafia
single house

BLANC 화이트

MOTIFS FLORAUX
흰꽃나도사프란 코사지, 귀걸이————— P.6

작은 가지 머리핀————— P.6

AUMÔNIÈRE
앤티크 스타일 파우치————— P.8

SAC DE SOIRÉE
파티용 핸드백————— P.10

BOUQUET
가련한 꽃장식————— P.12

NOIR 블랙

BOUTONS BIJOUX
보석 단추————— P.14

SANS FIN
엔들리스 링 반지, 인피니티 피어싱 귀걸이——— P.16

TARTAN
체크 모티브 브로치 ------------------ P.17

PANTHÈRE
표범 무늬 파우치------------------ P.18

STYLE ROCAILLE
로카유 장식 목걸이 ------------------ P.20

THOLOBATE
메탈릭 뱅글 ------------------ P.22

COLORÉ 컬러

FOURMIS VOLANTES
날개 개미 브로치 ──────── p.24

COLLIER DONUTS
자수 모티브 체인 목걸이 ──────── p.24

ŒUFS
달걀 브로치 ──────── p.26

OSTEICHTHYENS
비늘조각 코사지, 피어싱 귀걸이 ──────── p.28

OUTILS ET MATÉRIEL
재료와 도구 ──────── p.30

TECHNIQUES DE BRODERIE
기본 테크닉 ──────── p.34
도안을 베껴 수틀에 끼우기 ──────── p.35
실크 핀 사용법 ──────── p.35
체인 스티치 ──────── p.36
시작 스티치 ──────── p.38
마무리 스티치 ──────── p.39
실 끝 매듭짓기 ──────── p.40
장식 부자재를 자수실로 옮기기 ──────── p.41
비즈 수놓기 ──────── p.42
작은 스티치 ──────── p.43
모서리 등의 좁은 부분을 깔끔하게 수놓기 ──── p.44
푸엥 티르(point tiré) 기법으로 비즈를 한꺼번에 수놓기 ──── p.45
스팽글 연속 수놓기 ──────── p.46
렘플리사지(remplissage) ──────── p.46
푸엥 리슈(point riche) ──────── p.47
베르미셀(vermicelle) ──────── p.47
비즈 바늘로 장식 부자재 수놓기 ──────── p.48
리본자수 ──────── p.49
액세서리 만들기의 기본 ──────── p.51

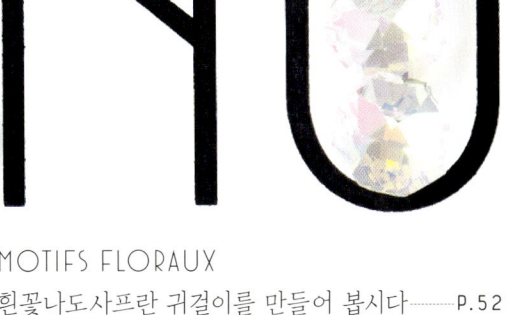

MOTIFS FLORAUX
흰꽃나도사프란 귀걸이를 만들어 봅시다 ──── p.52

DESSINS ET COMMENT FAIRE
도안과 만드는 법 ──────── p.54

INTRODUCTION

프랑스 패션 디자인의 정신이자 예술적 디테일의 정점에 있는 오트쿠튀르 (Haute Couture).
보석처럼 반짝이는 섬세한 비즈와 스팽글로 빚어지는 수많은 드레스가
일류 디자이너와 숙련된 장인들의 손에 의해 탄생하는 세계입니다.

오트쿠튀르에 빼놓을 수 없는 것, 바로 사람의 손으로 만들어내는 '자수'이지요.
옷감을 아름답게 물들이고, 표정을 입히고, 정신을 깃들게 하는 테크닉.
솜씨 좋은 자수 장인의 손에 걸리면 그것은 마치 마법과도 같습니다.
늘 새로움이 요구되는 시대의 흐름과 더불어
자수 기술도 나날이 발전하고 있습니다.

지금까지는 소수의 고객만을 위한 것이었던 오트쿠튀르.
손이 닿지 않는 것이라 여겼던 그 감미로운 세계를
자신의 손으로 직접 만들어 낼 수 있는 것이 바로 이 오트쿠튀르 자수의 묘미입니다.
이 책을 통해 그 세계의 한 부분을 즐겨 보세요.

필로사 미나미

BLANC 화이트

P.59, 60

흰꽃나도사프란 코사지, 귀걸이

P.62

작은 가지 머리핀

꽃 모티브

MOTIFS FLORAUX

특별한 날에 잘 어울리는 청초한 흰색 식물 모티브.
옅은 골드 비즈와 실, 와이어를 사용한 입체감으로
기품 있는 화사함을 연출합니다.

P. 6 4

앤티크 스타일 파우치

AUMÔNIÈRE
염낭

오건디 (organdie, organdy) 원단의 부드러운 감촉을 그대로 살려
실과 리본을 사용한 자수를 주인공으로.
포푸리 등을 담아 사셰 (Sachet, 향낭) 로서 장식에 이용해도 좋습니다.

P.55

파티용 핸드백

파티 백

SAC DE SOIRÉE

앤티크 감성이 묻어나는 백을 만들기 위해 여러 종류의 화이트
스팽글과 크리스탈을 사용해 수를 놓았습니다.
화사하고 아름다운 꽃잎 모티브는 별도의 천에 수놓아 포갬
으로써 입체감을 살렸습니다.

P.67, 68

가련한 꽃장식

부케

BOUQUET

투명감 있는 리본과 빈티지 감성의 금속 부자재,
무광택 실버 비즈의 섬세한 라인.
여러 가지 재료와 기법의 대비를 즐길 수 있는
한 쌍의 브로치입니다.

블랙

NOIR

A

B

C

D

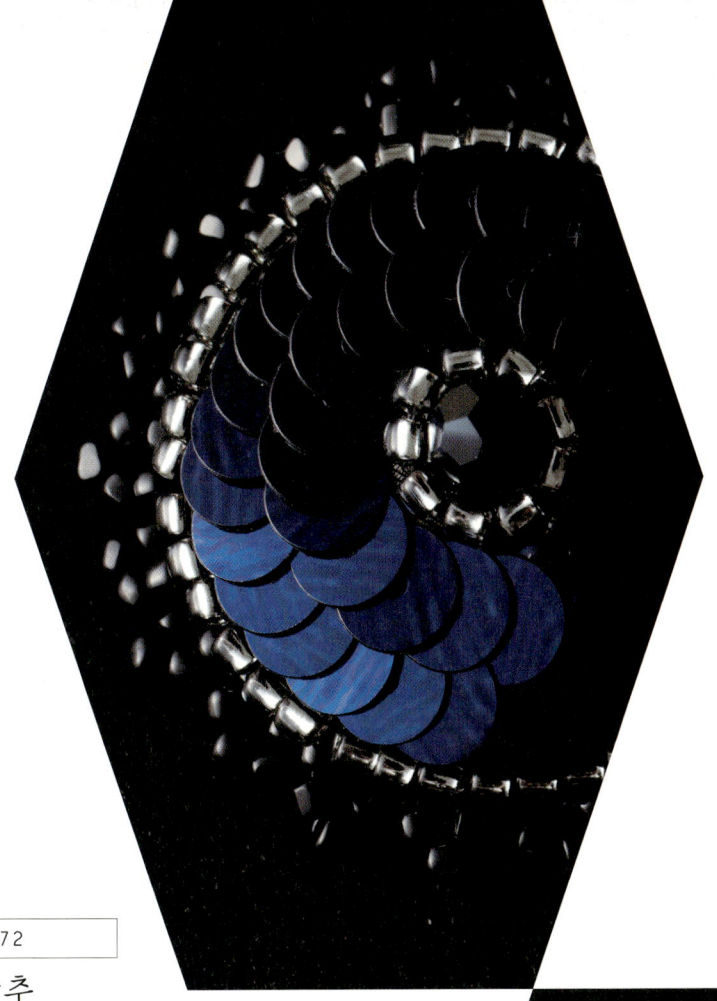

P.70, 71, 72

보석 단추

비쥬버튼

BOUTONS BIJOUX

저도 모르게 자꾸만 수집하고 싶어지는, 마치 보석 같은 앤티크 감성의 단추입니다. 코트나 모자 등에 포인트로 달면 깊이감 있는 스타일을 연출할 수 있습니다.

P.74, 75

엔들리스 링 반지,
인피니티 피어싱 귀걸이

SANS FIN
무한

특히나 작은 소재를 많이 사용한 작
품. 매우 작은 인조진주와 스팽
글은 피어싱 귀걸이나 링 반
지 같은 작은 액세서리
안에서도 날카롭고
예리한 라인을
그려낼 수
있습니
다.

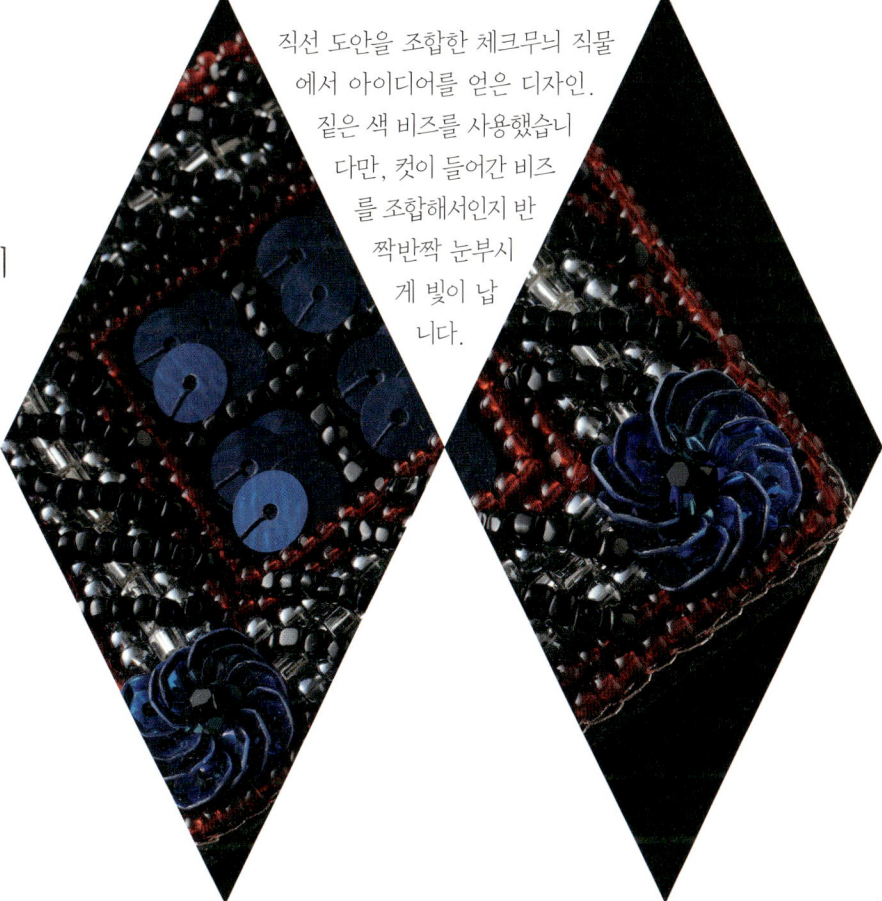

P.76

체크 모티브 브로치

타탄체크

TARTAN

직선 도안을 조합한 체크무늬 직물에서 아이디어를 얻은 디자인. 짙은 색 비즈를 사용했습니다만, 컷이 들어간 비즈를 조합해서인지 반짝반짝 눈부시게 빛이 납니다.

P.78

표범 무늬 파우치

PANTHÈRE 표범

무광택의 검은색 진주와 검은색 스팽글로 악
센트를 주었습니다. 변형시킨 표범 무늬를 베
르미셀(vermicelle) 기법으로 화려하게 수놓았
으며, 이 작품의 베이스라고 할 수 있는 육각
스팽글은 얼핏 한 가지 색으로 보이나 사실은
미묘하게 서로 다른 두 가지 색을 사용하여
입체감을 살렸습니다.

P.81

로카유 장식 목걸이

로코코 양식

STYLE ROCAILLE

탑홀 스팽글과 막대 비즈, 푸엥 티르 (point tiré)에 의한
비즈 라인으로 높이(두께감)를 살려 복잡한 곡선을 연출한
호화로운 목걸이. 암회색과 검은색, 회색 등의 시크한 색으
로 통일감을 주었습니다.

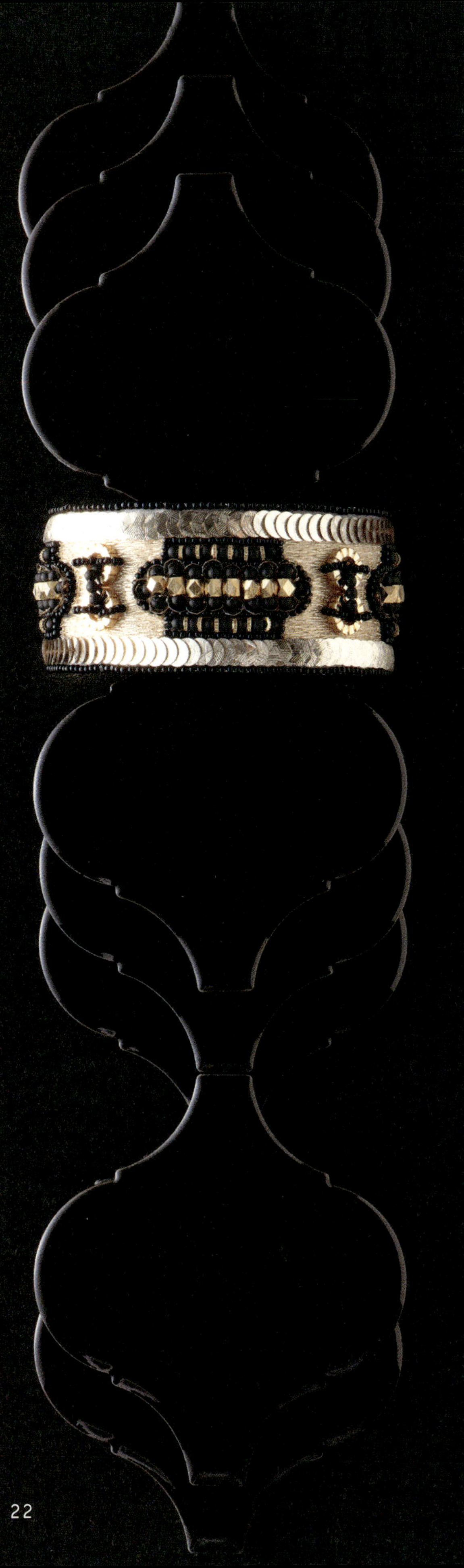

P.84

메탈릭 뱅글

돔 받침대

THOLOBATE

렘플리사지 (remplissage) 기법으로
바탕을 금사로 채우고, 금속 부자재
와 테두리에 바탕 무늬가 들어간
스팽글을 사용하여 곳곳에서
「메탈감」을 느낄 수 있도록
디자인하였습니다.

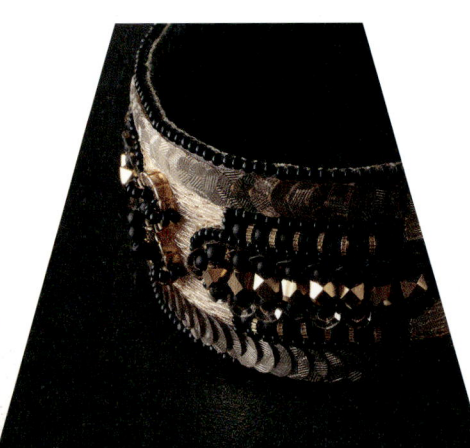

유색 COLORÉ

A

B

P.86

날개 개미 브로치

FOURMIS VOLANTES

날고 있는 개미

큰지막한 진주와 보석, 실로
만든 태슬(tassel) 등을 입체적
으로 조합하고, 대중적인 컬러를
사용해 만든 귀엽고 사랑스러운
곤충 모양의 장신구입니다.

P.88

자수 모티브 체인 목걸이

COLLIER DONUTS

도넛 목걸이

세 개의 모티브가 규칙성 없이
랜덤하게 나열된 멋스러운 체인
목걸이입니다.
무광택 컬러 진주의 캐주얼한
느낌 덕분에 부담 없이 착용할
수 있고 평소 사용하기에도
좋습니다.

P.90

달걀 브로치

ŒUFS 달걀

캐비어(caviar) 모양처럼 비즈를 입체적으로 스티치하는 기법을 이용해 카보숑컷(cabochon cut, 둥글고 볼록한 연마면)의 형태로 쌓아 올린 비즈 안에 보석을 박아 넣었습니다. 튀어나온 드롭 장식이 포인트입니다.

P.73, 92

비늘조각 코사지, 귀걸이

경골어

OSTEICHTHYENS

오트쿠튀르 특유의 특별한 핸드 페인트
스팽글을 호화롭게 사용하여 만든 작품.
코사지는 줄기를 묶은 부분을 비즈로
감싸 디자인의 한 부분으로 삼았습니다.

재료와 도구

OUTILS ET MATÉRIEL

그동안 장인들의 손을 거쳐 발전을 이뤄온 오트쿠튀르 자수.
최근에는 누구나 손쉽게 집에서도 즐길 수 있도록 소형 도구와 소포장 재료 등이
다양해지면서 구하기도 한결 쉬워지고 있습니다.

크로셰 드 뤼네빌

#80   #140

「뤼네빌 자수바늘」 또는 「크로셰」라고 불리는 끝이 예리한 갈고리 모양의 자수용 바늘입니다. 이 책에서는 이후 '크로셰'라고 부릅니다.

자수용 코바늘은 세계 여러 지역에서 사용되고 있습니다만, 이 코바늘은 프랑스의 뤼네빌 지방에서 탄생하였습니다. 비즈나 스팽글 같은 장식용 부자재에 바늘을 직접 통과시키는 게 아니라, 부자재에 꿰어진 실을 이용해 이러한 장식 부자재를 원단에 수놓아 붙이는 데 쓰이는 도구입니다. 그래서 바늘이 통과하지 못할 만큼 작은 부자재에도 사용할 수 있습니다. 비즈와 스팽글은 일반적인 비즈 바늘로도 천에 꿰매 붙일 수 있지만, 크로셰를 사용하면 더욱 빠르고 깔끔하게 마무리할 수 있지요.

바늘의 치수는 숫자가 클수록 축이 굵고 갈고리가 크므로, 실의 굵기와 부자재의 크기에 맞춰 구분하여 사용할 수 있습니다. 이 책에 실린 작품에는 가장 일반적인 80호만을 사용하였습니다.

기타 바늘

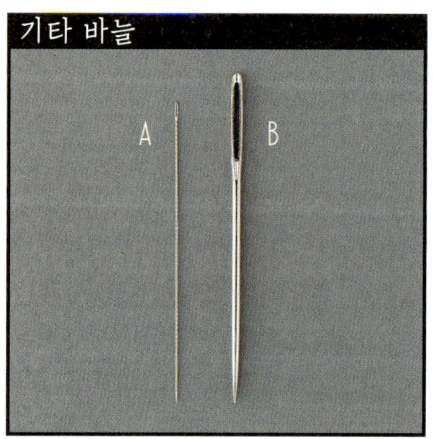

A   B

[A 비즈 바늘]
작은 장식 부자재의 구멍도 통과하는 비즈 자수용 바늘로 치수는 숫자가 클수록 가늘어집니다. 이 책에 실린 작품에는 12~13호를 사용하였습니다.

[B 리본자수 바늘]
바늘구멍이 크고 끝이 뾰족한 바늘입니다. 몰 (포르투갈어 'mogol' 에서 유래. 몰실, 몰사, 셔닐사 (chenille yarn)라고도 부르며, 겉에 고운 잔털이 붙은 장식용 실을 말함)을 사용할 때도 쓰이다 보니 「셔닐 바늘」 이라고도 부릅니다. 이 책에 실린 작품에는 16~18호를 사용하였습니다.

30

자수틀

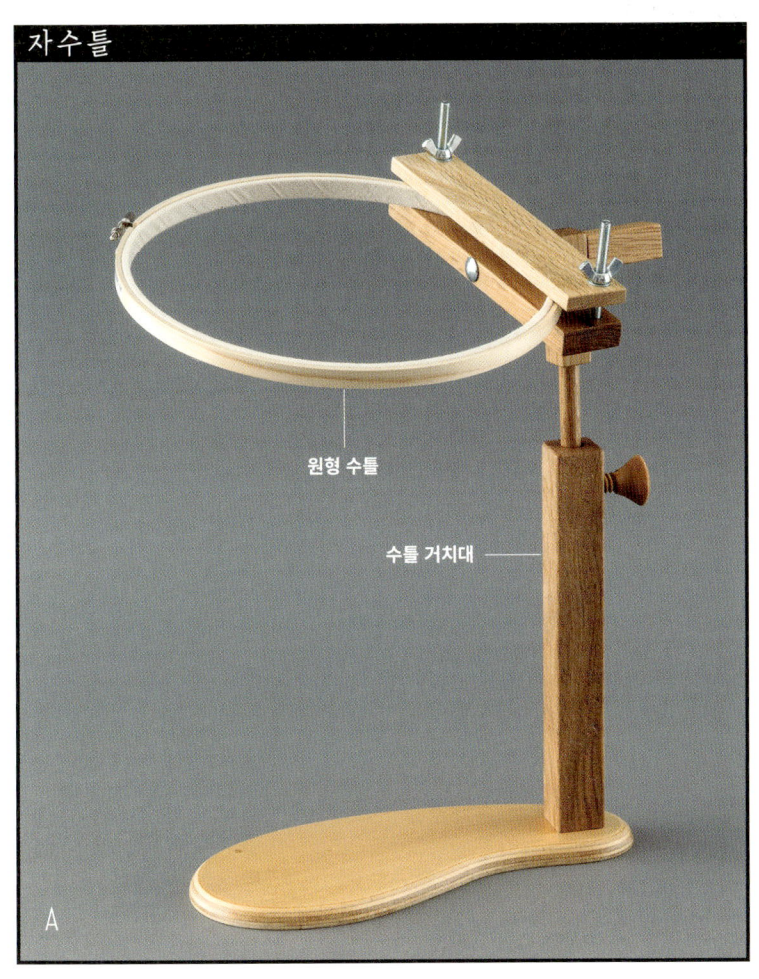

원형 수틀

수틀 거치대

A

이 책에서 소개하는 자수는 모두 양손을 사용하므로 수틀 고정을 위한 거치대가 필요합니다. 원단을 수틀에 끼운 후에 앞뒤 양면에서 작업하기 때문에 자수틀을 뒤집을 수 있는 스타일의 것을 선택하는 것이 좋습니다.

자수틀 테두리와 가까운 가장자리 부분은 수를 놓기가 쉽지 않으므로 수틀 테두리와 재단선이 딱 들어맞지 않도록 도안보다 한 치수 큰 것을 준비합니다. 도안이 일그러질 수 있으므로 원단을 수틀에 끼운 후에는 자수가 완성될 때까지 틀에서 빼지 않습니다.

[A 원형 수틀]

작고 간편해서 부담 없이 사용할 수 있는 자수틀입니다. 프랑스 자수 등에 이용되는 원형 수틀을 회전 가능한 수틀 거치대에 끼워서 사용합니다. 액세서리 등을 만들 때 편리합니다.

(판매점: 작은 수예 가게 PetiteMercerie)

안쪽 수틀

수틀 거치대

B

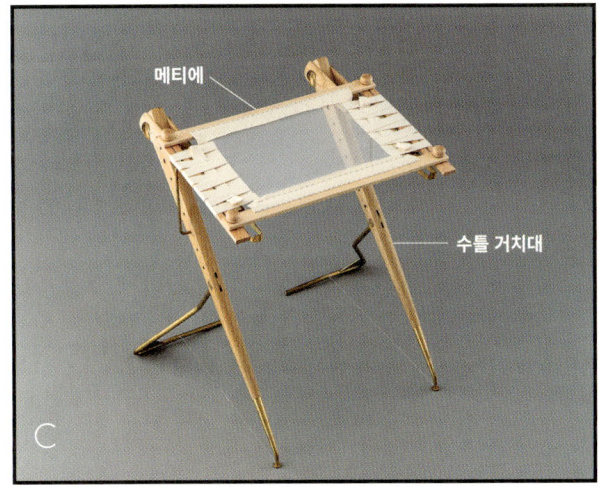

메티에

수틀 거치대

C

[Β 탁상형 사각 수틀]

안쪽 수틀의 홈에 원단과 고무를 함께 끼워 세팅하는 형태의 자수틀입니다. 안쪽 수틀이 독립적인 형태라 앞뒤 어느 쪽에서든 수를 놓을 수 있습니다. 위 사진의 수틀은 원단 부분의 치수가 약 18×25㎝로 액세서리나 여러 부자재로 구성되는 코사지 작업에 어울리는 크기입니다. (판매점: Apollon)

[C 메티에(Métier)]

오랫동안 오트쿠튀르 자수에 사용되어 온 본격적인 자수틀입니다. 면 테이프를 사용해 천을 단단히 고정합니다. 위 사진의 것은 폭이 약 68㎝로 비교적 작은 타입이며 더 큰 것도 있습니다. 한 번에 여러 개의 작품을 만들거나 파우치 등 원단을 넓게 사용하는 작품에 적합합니다. 메티에는 위에 얹어진 수틀을 말하는 것으로 별도로 수틀 거치대가 필요합니다. (판매점: Apollon)

스팽글

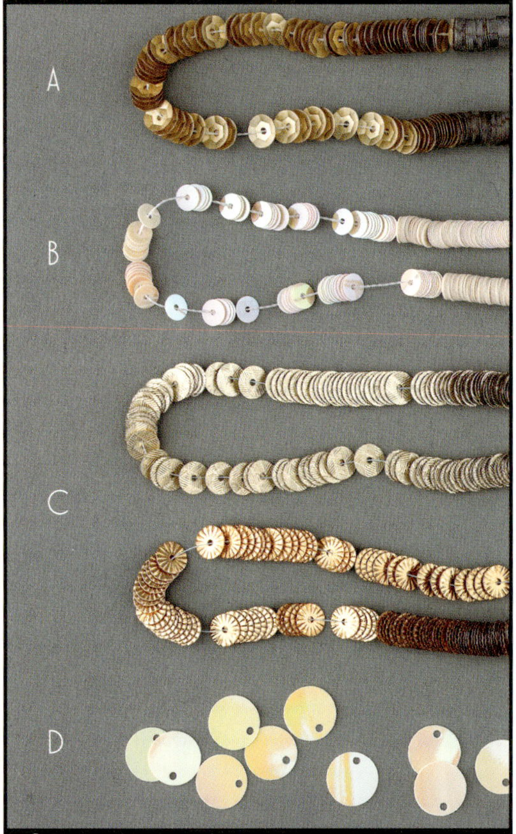

A

B

C

D

비즈

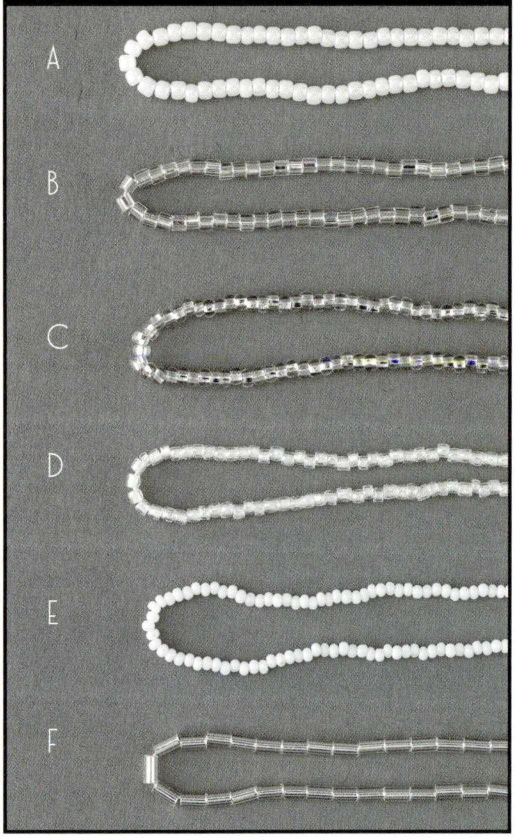

A

B

C

D

E

F

[치수 표기]

치수는 일반적으로 지름을 기재합니다.

[종류]

A 육각 스팽글

입체적인 컵 모양으로 수를 놓을 때는 오목하게 들어간 면이 작품의 앞면에 오도록 합니다.

B 평면 스팽글

납작한 원반 모양이라서 외관상으로는 앞뒤 구분이 어려우므로 아래와 같은 기준으로 판단합니다.

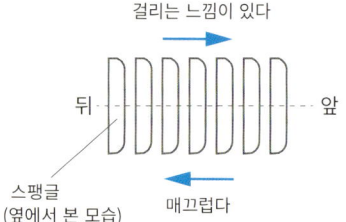

걸리는 느낌이 있다

뒤 ----- 앞

스팽글
(옆에서 본 모습)   매끄럽다

스팽글은 모형 틀을 사용해서 만드는데 가장자리의 모서리가 둥근 쪽이 앞면이므로 실에 꿰어진 상태에서 손가락을 대고 양방향으로 쓰다듬어 앞뒤를 확인합니다.

C 무늬 스팽글

표면에 무늬가 들어간 화려한 타입으로, 이 책에 실린 작품에는 기하학 문양의 「기요셰 (guilloche) (위)」와 태양 문양의 「솔레유 (soleil) (아래)」를 사용하고 있습니다.

D 탑홀 스팽글

구멍이 중심이 아닌 가장자리에 나 있으며 자수를 놓을 때는 비즈 바늘을 사용합니다.

[치수 표기]

비즈를 생산하는 회사에 따라 미세한 차이는 있으나 11/0과 환소(丸小, 약 2㎜), 13/0과 극소(極小, 약 1.5㎜)는 거의 같은 크기입니다. '11/0'과 같은 표기는 주로 체코 비즈에 사용됩니다.

[종류]

A 원형 비즈

둥근 모양의 표준적인 시드 비즈로, 이 책에서는 주로 환소와 극소 사이즈의 비즈를 사용합니다.

B 육각 비즈(小)

육각기둥 모양으로 바깥지름 약 2㎜의 비즈입니다.

C 사각홀 비즈

겉모양은 원형 비즈와 비슷하나 사각으로 나 있는 구멍이 비쳐 보이면서 마치 컷이 들어 있는 비즈처럼 반짝거림이 있습니다.

D 쓰리컷 비즈

세 개의 면이 무작위로 절단된 비즈로, 각도에 따라 반짝이는 면이 바뀌어서 호화로운 분위기를 연출합니다.

E 샬롯 비즈

둥근 비즈의 한 면을 잘라낸 것으로 과하지 않은 반짝임이 아름다움을 연출하는 작고 섬세한 만능 비즈입니다.

F 막대 비즈

원기둥 모양의 비즈로 짧은 막대, 중간 막대, 긴 막대 등 크기도 다양합니다.

기타 재료

A 필라가 (FIL À GANT)
이 책에 실린 작품에 주로 사용된 프랑스제의 왁싱 처리된 면 소재 자수실입니다. 크로셰로 자수할 때 흔히 쓰이며 매우 가늘고 잘 갈라지지 않아서 자수를 원활하게 진행할 수 있습니다. 자수 부자재의 색상과 비슷한 색상의 실을 선택하는 경우가 많습니다.

B 투명사
실이 눈에 띄지 않게 할 때나 실 끊김이 걱정되는 부자재를 사용할 때 편리합니다.

C 극세 금사/은사
필라가보다 한층 더 가는 자수용 라메 실입니다. 섬세한 반짝거림이 비즈나 스팽글과도 잘 어울려 렘플리사지 기법이나 베르미셀 기법 등, 실을 보여주는 자수에 추천합니다.

D 리본
자수용으로는 사용하기 편리한 투명감 있는 오건디 리본이나 얇은 실크 리본 등을 추천합니다.

E 오건디
이 책에 실린 모든 작품에 오건디 원단을 사용하였습니다. 폴리에스테르나 실크 평직물로 투명감이 있어 오트쿠튀르 자수에 많이 쓰입니다.
*이 책에서는 오건디에만 자수를 놓았습니다만, 작품에 따라서는 리본 등 비치지 않는 원단에 수를 놓기도 합니다.

F 양면 접착심
다리미로 접착하는 얇은 타입을 사용합니다.

G 패브릭용 양면 접착 스티커
액세서리를 만들 때 편리합니다. 접착제가 흘러나오지 않고 튼튼하게 마무리됩니다.

H 합성피혁
액세서리 뒷면에 사용합니다. 오건디 원단이나 작품의 테두리에 사용된 부자재의 색상과 비슷한 것을 선택하면 겉에서 보기에도 눈에 띄지 않고 깔끔하게 작품을 완성할 수 있습니다.

기본 테크닉

TECHNIQUES DE BRODERIE

섬세한 오건디 원단이나 스팽글을 예쁜 자수 작품으로 완성하기 위해 기본적인 테크닉과 더불어
자잘한 부분까지 구석구석 꼼꼼하게 그리고 아름답게 마무리하기 위한 요령을 소개합니다.

기본자세

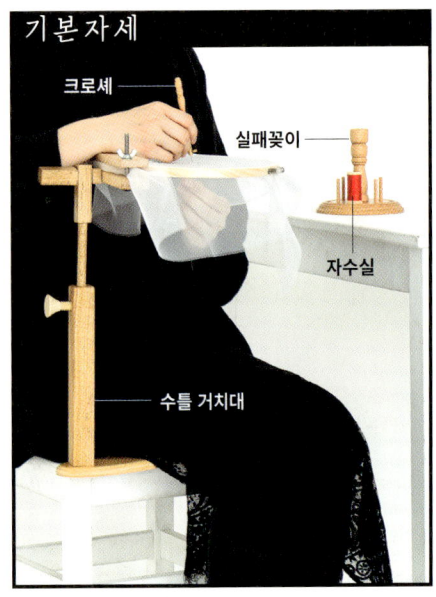

크로셰

실패꽂이

자수실

수틀 거치대

오른손(왼손잡이는 반대로)으로 크로셰를 잡고
기본적으로 원단 위에서 손을 움직입니다. 왼손은
보빈에서 빼낸 자수실을 잡고 원단 밑에서
움직입니다. 비즈나 스팽글은 미리 자수실에 꿰어
두고(p.41 참조) 왼 손가락으로 밀어서 보냅니다.
보빈에 감긴 형태의 실을 사용하는 경우가
많으므로 실패꽂이가 있으면 편리합니다.

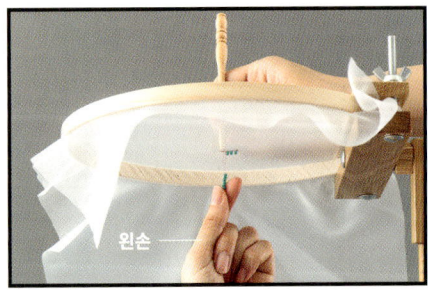

왼손

장식 부자재를 달 때는 미리 자수실에 꿰어
왼손으로 한꺼번에 잡고 하나씩 밀어 보내면서
자수를 진행합니다. 원단 아래쪽에 부자재가
고정됩니다.

크로셰에 대하여

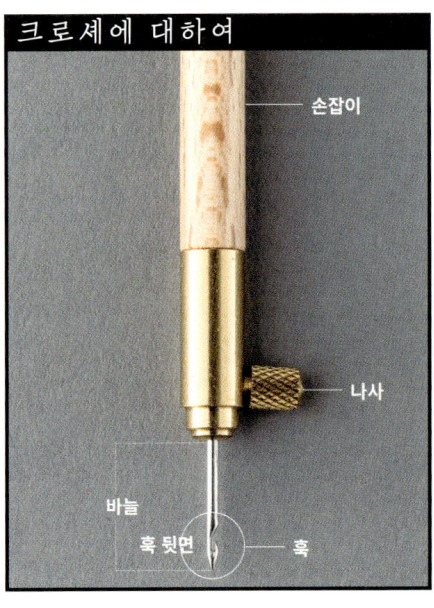

손잡이

나사

바늘

훅 뒷면

훅

[사용하기 전에]

크로셰를 구매하면 먼저 나사와 훅의 방향이
같은지를 확인하세요.
훅 부분이 원단 아래쪽으로 들어가 겉에서는 잘
보이지 않으므로 나사의 위치로 훅의 방향을
판단해야 합니다. 나사를 돌리면 본체와 바늘이
분리되므로 바늘이 부러졌을 때는 바늘만을
구매하여 교체할 수도 있습니다.

[잡는 방법]

오른손(왼손잡이는 반대로)으로 연필을 쥐듯이
잡고 손가락으로 굴리듯 회전시켜 사용합니다.

[주의]

바늘 끝이 날카롭고 갈고리 같은 돌기가 있어
찔리면 매우 위험하므로 사용시 주의합니다

도안을 베껴 수틀에 끼우기

수틀에 끼운 천이 늘어져 있으면 크로셰의 훅 부분이 걸려 자수를 진행하기가 어려우므로 손가락으로 튕겨서 소리가 날 정도로 팽팽하게 끼웁니다.

1.

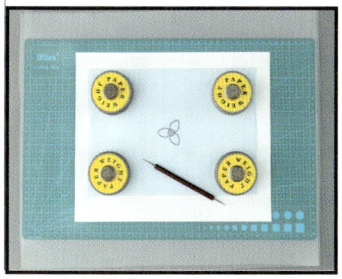

밑에서부터 커팅매트, 단면 복사지(잉크 면을 위로), 오건디 원단, 도안의 순으로 포갠 후 움직이지 않도록 문진으로 꽉 누른 상태에서 수예용 철필로 본뜹니다.

2.

도안을 베낀 모습. 도안선은 비즈 등의 장식 부자재로 거의 가려지므로 완성 후에도 굳이 지울 필요는 없습니다.

REMARQUE
주의

오건디 원단의 색깔에 상관없이 흰색 잉크의 단면 복사지를 사용합니다.
자수를 진행하는 도중에 도안선이 지워지면 같은 색 펜으로 다시 그려 주세요.

3.

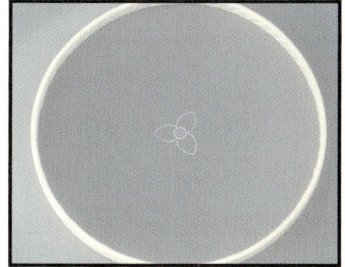

안쪽 틀에 천 테이프를 감아 미끄러지지 않도록 처리한 후 도안을 중심에 위치 하도록 겹쳐 줍니다.

4.

바깥 틀을 끼워 오건디를 팽팽하게 잡아 당깁니다. 나사를 살짝 조인후 책상에 한쪽을 대고 좌우 대칭을 이룬 상태에서 아래쪽으로 당겨 주세요. 이 동작을 몇 차례 반복합니다.

5.

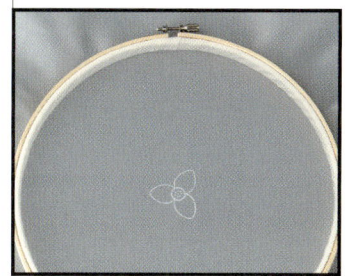

일그러진 부분 없이 팽팽하게 끼워졌다면 수틀의 나사를 펜치로 단단히 조입니다.

NOTE
「앞면」과 「뒷면」에 대하여

비치는 천에 도안을 베끼고 수틀에 끼운 후 몇 차례 뒤집어가면서 수를 놓기 때문에 앞뒤 구분이 안 되는 경우가 종종 있습니다. 그러므로 도안을 베낀 시점에서 위에 해당하는 원단 여백에 「앞」 이라고 표시해 두면 좋겠지요. 이 「앞」 은 「작품의 앞면」을 의미하는 것이지 처음 원단을 수틀에 끼웠을 때의 면이나 자수를 할 때 위에 오는 면을 나타내는 게 아닙니다. 이 책의 만드는 법에는 「작품 앞면」을 위아래 어느 쪽에 두고 자수를 진행할 것인지 기재되어 있으므로 그때그때 확인해 주세요.

실크 핀 사용법

작품의 뒷면을 보면서 자수를 진행하는 경우가 많으므로 도중에 수틀을 뒤집어 작품 앞면을 확인하세요. 스티치를 하는 도중이라도 실크 핀을 사용하면 실이 빠질 염려는 없습니다.

1.

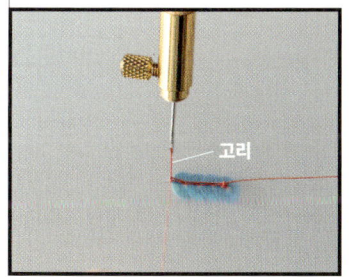

크로셰를 들어 올려 바늘에 걸린 실의 고리를 크게 만들어 줍니다.

2.

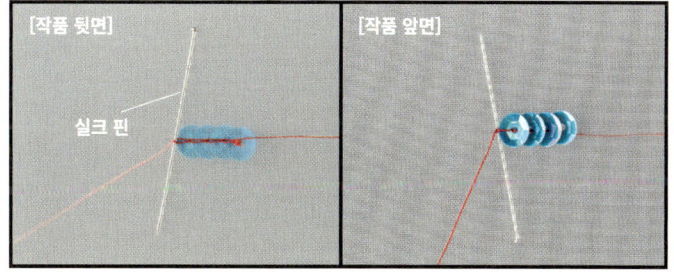

고리에 실크 핀을 넣고 왼손으로 실을 당깁니다. 이때 천을 함께 뜨는 일이 없도록 주의합니다.

체인 스티치

크로셰 자수는 체인 스티치가 기본입니다.
먼저 구조를 이해한 후 다른 테크닉에 도전하세요.

1.

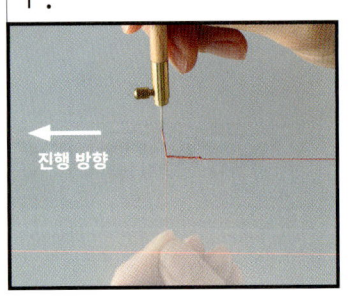

나사를 진행 방향으로 돌리고, 크로셰
바로 밑에서 왼손으로 실을 잡습니다.

2.

몇 mm 앞에 바늘을 꽂아 넣습니다.

REMARQUE
주의

크로셰는 기본적으로 천에 대하여
수직 상태를 유지합니다. 회전시킬
때나 진행 방향으로 진행할 때도 축
이 흔들리지 않도록 수직을 유지하
면서 움직입니다.

3.

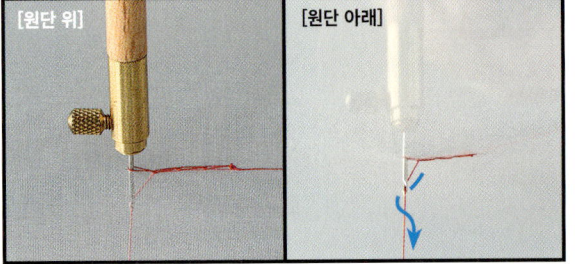

화살표 방향으로 바늘에 실을 겁니다.

4.

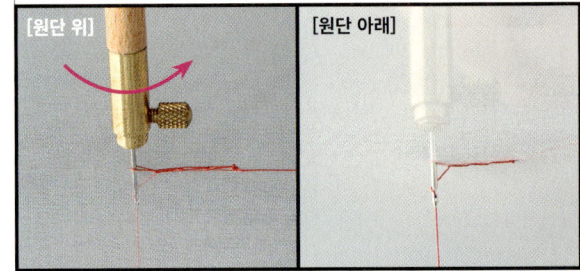

크로셰를 화살표 방향으로 180도 회전시켜 주세요.
사진은 회전이 끝난 모습을 나타냅니다.

5.

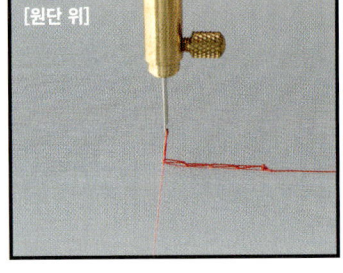

크로셰를 수직으로 끌어올립니다.

6.

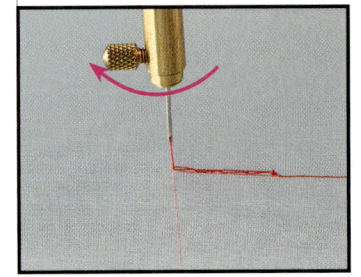

나사를 진행 방향으로 되돌립니다.

REMARQUE 주의

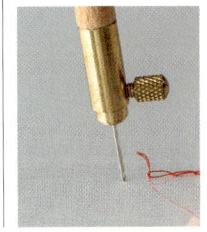

들어 올린 크로셰를
진행 방향으로 되돌
리지 않은 상태로 진
행하다가는 실이 훅
에서 빠지게 됩니다.

7.

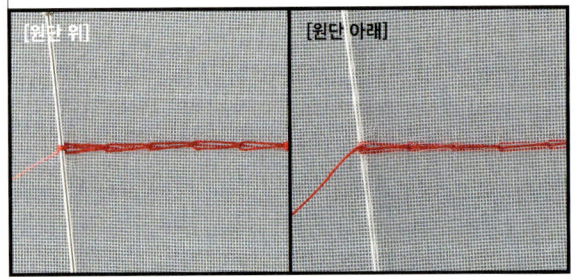

체인 스티치를 한 모습. 원단 위에서 보면 체인이 나열되어 있고,
아래에서 보면 백 스티치 상태로 바느질되어 있습니다.

REMARQUE 주의

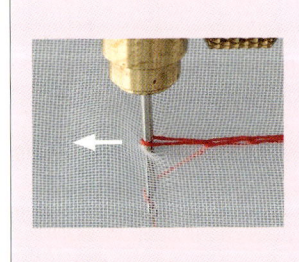

크로셰를 들어 올릴 때는 바늘 뒷
면으로 원단을 밀어붙이는 느낌
으로 구멍을 넓히면서 올려 주세
요. 이때 크로셰는 기울이지 않고
원단에 대해 수직 상태를 유지합
니다.
*사진에서는 이해를 돕기 위해 다
소 과장되게 표현하였습니다.

NOTE

연습해봅시다.

시작 스티치(p.38)는 체인 스티치를 사용해 만들기 때문에 연습할 때는 실 끝을 임시 고정하여 시작합니다.

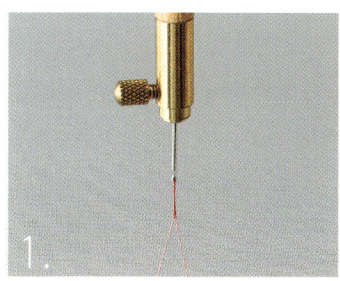

1.

실을 원단 아래에서 바늘에 걸고, 실 끝을 원단 위로 빼냅니다.

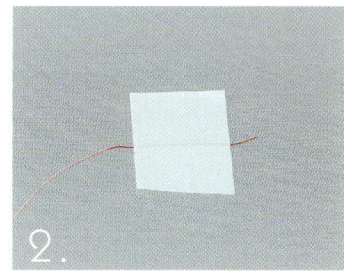

2.

실 끝을 마스킹테이프 등으로 고정합니다.

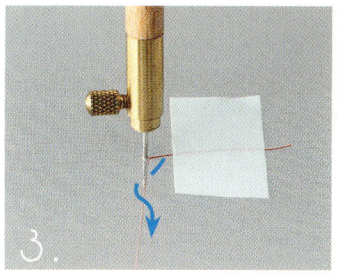

3.

실을 빼낸 곳 바로 옆에 바늘을 꽂아 넣고 바늘에 실을 겁니다.

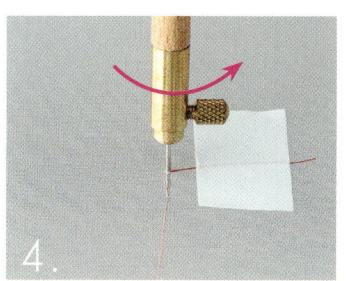

4.

크로셰를 180도 회전시킵니다.

5.

크로셰를 수직으로 끌어올리세요.

6.

나사를 진행 방향으로 되돌립니다. 여기부터 p.36의 「체인 스티치」를 진행합니다.

진행 방향별 실을 거는 방향과 나사의 움직임

진행 방향이 바뀌면 실을 거는 방향과 나사의 움직임이 바뀝니다.

* 위에서 본 모습

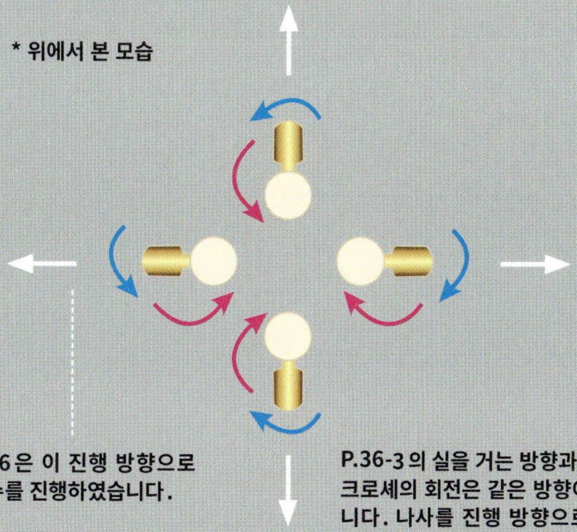

크로셰

나사

p.36은 이 진행 방향으로 자수를 진행하였습니다.

P.36-3의 실을 거는 방향과 4의 크로셰의 회전은 같은 방향이 됩니다. 나사를 진행 방향으로 되돌릴 때 6은 화살표→의 반대 방향으로 크로셰를 회전시킵니다.

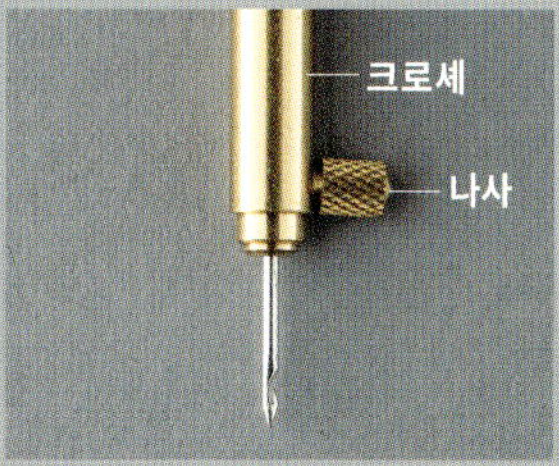

* 왼쪽 그림은 모두 오른손잡이인 경우. 왼손잡이의 경우는 아래와 같이 달라집니다.

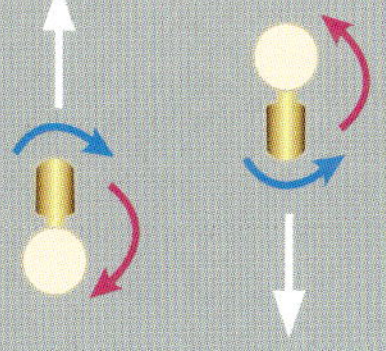

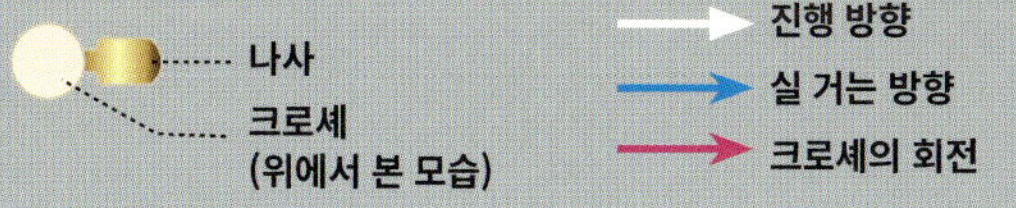

나사

크로셰 (위에서 본 모습)

→ 진행 방향
→ 실 거는 방향
→ 크로셰의 회전

「옭매듭」에 해당하며 자수를 시작하기 위한 스티치로 되도록 눈에 띄지 않게 작게 만듭니다.

1.

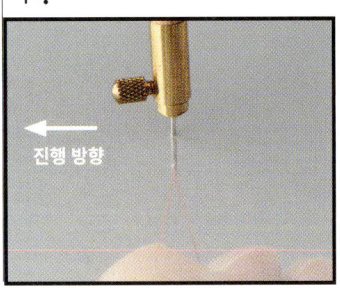

원단 아래에서 바늘에 실을 겁니다.

2.

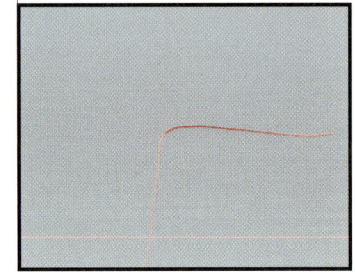

실 끝을 원단 위로 빼냅니다.

3.

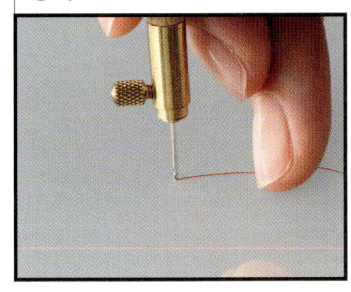

실 끝을 약 20cm 빼내 오른손 약지로 누른 상태로 원단의 올 하나 정도 앞에 바늘을 꽂아 넣습니다.

4.

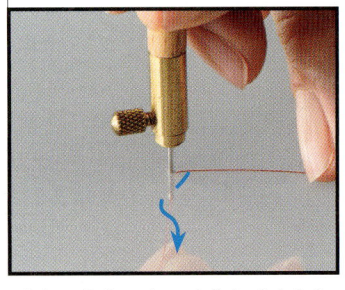

체인 스티치를 하는 방법과 마찬가지로 바늘에 실을 걸고 크로셰를 180도 회전시킨 후 크로셰를 끌어올려 나사를 진행 방향으로 되돌립니다.

5.

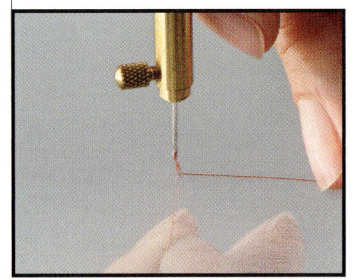

고리가 바늘에 걸린 상태입니다.

6.

1mm 정도 앞에 바늘을 꽂아 넣습니다.

7.

작게 체인 스티치를 합니다.

8.

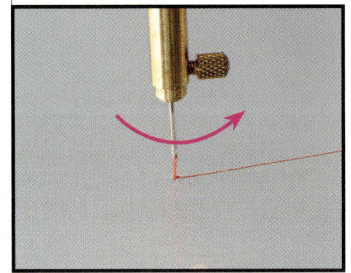

크로셰를 180도 회전시킵니다.

9.

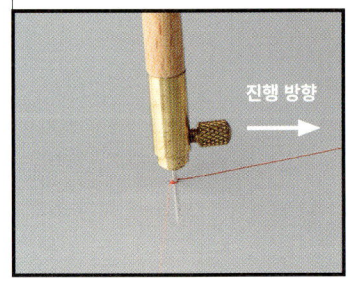

1mm 정도 되돌아가듯이 바늘을 넣고 화살표의 진행 방향으로 작게 체인 스티치를 합니다.

REMARQUE
주의

앞뒤로 작게 체인 스티치를 하면 실이 빠질 염려가 없습니다. 눈에 띄지 않게 작은 바늘땀으로 처리합니다. **실 끝 처리**에 대해서는 p.40 을 참조하세요.

10.

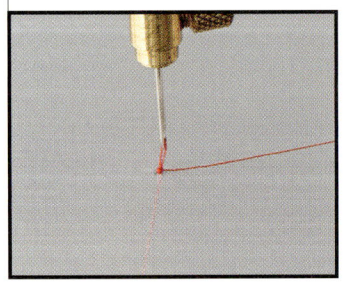

시작 스티치가 완성되었습니다.

11.

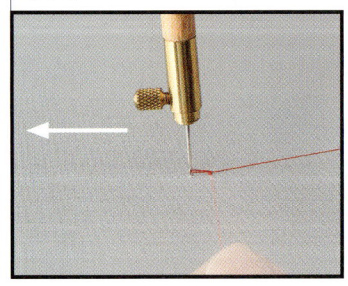

진행 방향으로 수놓아 나갑니다.

마무리 스티치

「옭매듭」에 해당하며 자수를 마무리하기 위한 스티치입니다.
작은 매듭을 세 개 만듭니다.

1.

마지막 스티치 바로 옆에 바늘을 꽂아 넣습니다.

2.
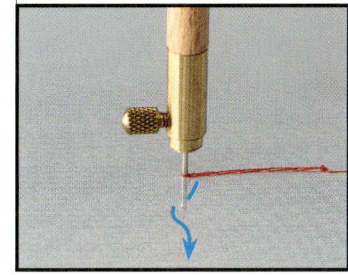
바늘에 실을 겁니다.

3.
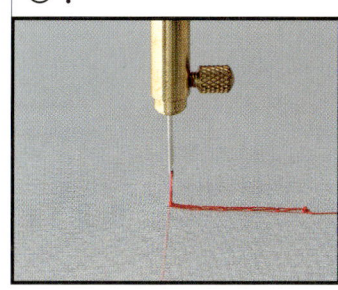
크로셰를 180도 회전시켜 끌어 올립니다.

4.
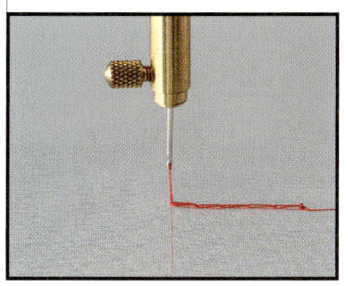
나사를 진행 방향으로 되돌립니다.
작은 스티치(p.43)가 완성되었습니다.

5.
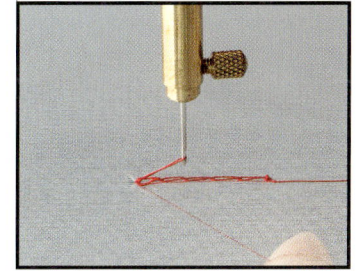
크로셰와 왼손을 진행 방향의 반대로 당겨 「く」 모양을 만든 후 원단의 구멍을 넓힙니다.

6.

넓힌 구멍에 바늘을 꽂아 넣습니다.

7.
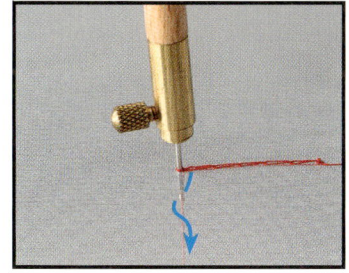
바늘에 실을 겁니다.

8.
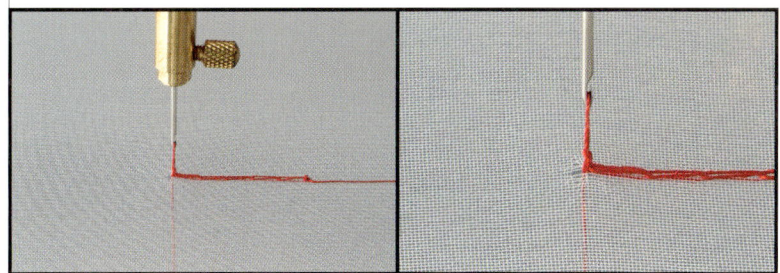
크로셰를 180도 회전시킨 후 끌어올리면 매듭이 생깁니다.

9.
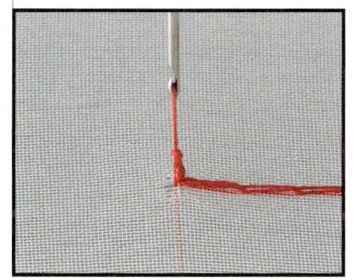
총 세 차례에 걸쳐 5~8의 과정을 같은 구멍에서 반복하여 매듭을 세 개 만듭니다.

10.
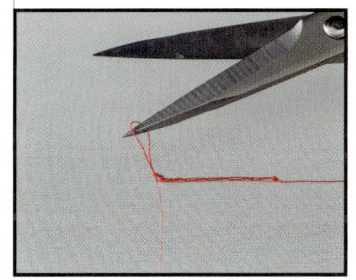
실에서 크로셰를 빼고 고리에 가위를 집어넣어 실을 자릅니다. 왼손의 실을 당깁니다.

REMARQUE
주의

필요한 실 끝의 길이는 작품에 따라 달라집니다. 작품 앞면이 위로 오게 수틀에 끼워 수를 놓는 경우 실을 너무 짧게 자르면 처리하기 어려우므로 주의가 필요합니다. 상세에 대해서는 p.40을 참조합니다.

실 끝 처리

「시작 스티치(P.38)」와「마무리 스티치(P.39)」모두 실 끝 처리는 공통적으로 같습니다.
작품의 앞면을 위아래 어느 쪽에 두고 진행하든 간에 실 끝은 작품의 뒷면에서 처리합니다.

[작품 앞면]

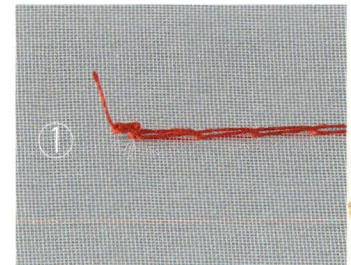

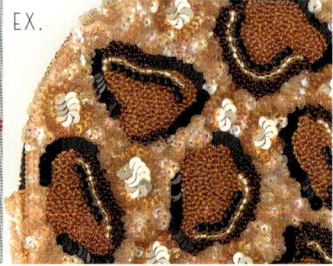

작품 앞면이 위로 향하게 수틀에 끼워 수놓았을 경우,
실 끝을 크로셰로 작품 뒷면으로 빼냅니다. 아래로 향하게
작품 앞면을 수틀에 끼웠을 때는 이 작업이 필요 없습니다.

작품 특성에 따라 ① 또는 ② 의 방법으로 처리합니다.

① 비즈나 스팽글로 뒤덮여 뒷면이 비치지 않는 작품
  실 끝을 5mm 정도 남기고 자릅니다.

② 실 끝을 그대로 남겨 두면 앞면에서 보이게 되는 작품
  아래와 같은 방법으로 작품 뒷면으로 뺀 실에
  감아 매어 처리합니다.

실 끝 매듭짓기

시작 스티치와 마무리 스티치의 실 끝을
작품 앞면에서 보이지 않도록 처리하는 방법입니다.

1.

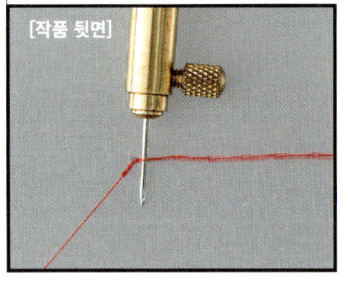
[작품 뒷면]

크로셰를 원단과 평행하게 하여 뒷면의
실과 원단 사이에 바늘을 넣습니다.

2.

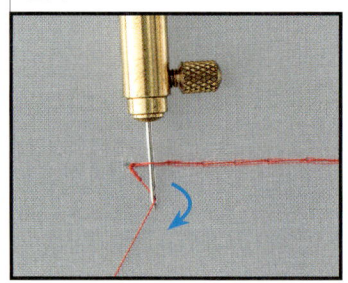

바늘에 실을 겁니다.

3.

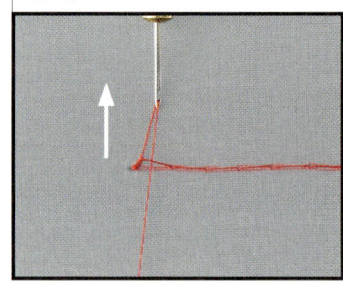

크로셰를 끌어당겨 고리를 만듭니다.

4.

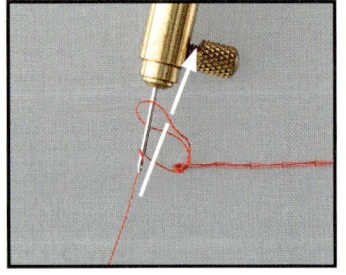

고리 안에 바늘을 넣고 실을 걸어
고리를 통과한 후 실 끝을 빼내면
매듭이 생깁니다.

5.

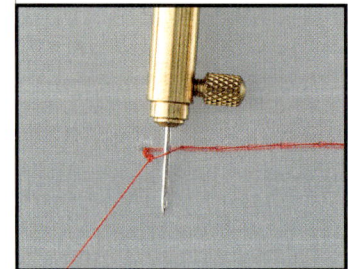

다시 뒷면의 실 아래로 바늘을 넣고 1
~4의 과정을 총 세 차례 반복합니다.

6.

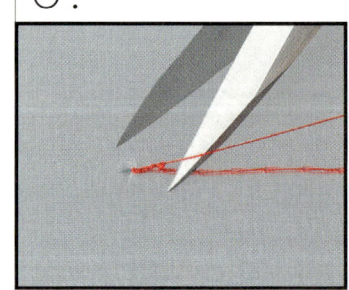

실 끝을 짧게 잘라주세요.

자수실로 장식부자재 옮기기

장식 부자재를 크로셰로 수놓아 달 때는 미리 필라가(Fil a gant) 등의 자수실로 부자재를 옮겨 둡니다. 실에 꿰어진 타입의 비즈나 스팽글을 준비하세요.

1.

장식 부자재의 실 고리 부분을 자릅니다.

2.

실뭉치 부분을 살짝 눌러 천천히 한 가닥을 잡아 뺍니다.

3.
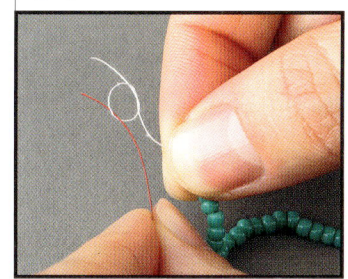

2에서 한 가닥 잡아 뺀 비즈의 실 한쪽을 감아서 묶는 형태로 고리를 만든다. 고리 속으로 자수실(빨간색) 끝을 넣습니다.

4.
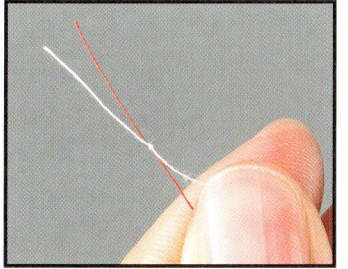

두 가닥을 함께 꽉 잡아당깁니다.

5.
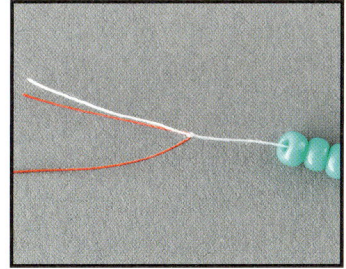

두 가닥의 실 끝을 자수실(빨간색) 방향으로 눕힙니다.

6.
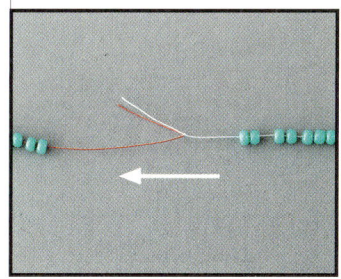

책상 위에 올려놓고 비즈를 밀어서 자수실 쪽으로 옮깁니다.

스팽글의 경우

육각 스팽글은 앞뒤 구분에 주의합니다. 오목한 부분에서부터 실에 꿰면 오목면이 작품 앞면에 오게 됩니다.

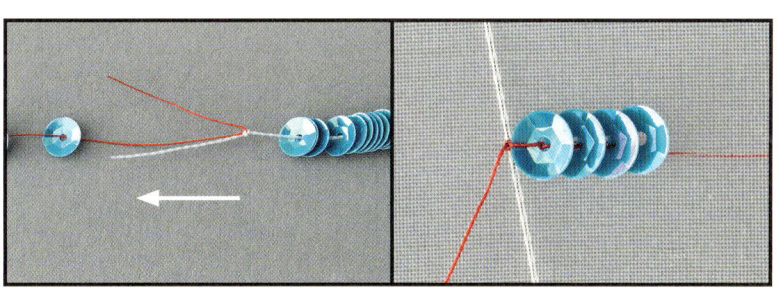

NOTE
실에 꿰어진 부자재의 끝부분 처리

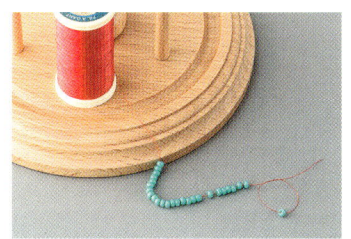

비즈를 자수실로 다 옮겼다면 마지막 비즈 하나를 실로 묶어주세요. 그러면 비즈가 실에서 빠지는 것을 막을 수 있습니다.
스팽글을 사용할 때도 마찬가지로 처리합니다.

비즈 수놓기

작품 앞면이 아래로 향하게 한 후 원단 아래로 비즈나 스팽글 등의 부자재가 고정되도록 수를 놓습니다. 기본 동작은 **체인 스티치 (p.36)** 하는 방법과 같으며 사이에 장식 부자재를 끼워 넣습니다.

1.

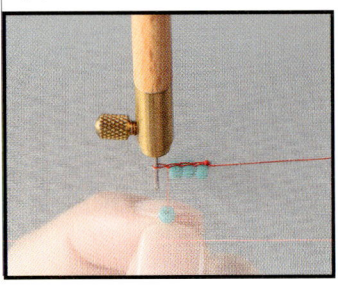

비즈의 지름 길이 만큼 앞쪽에 바늘을 꽂아 넣습니다.

2.

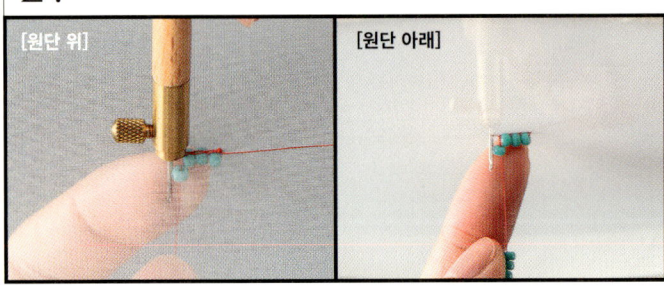

왼손 검지를 사용해 비즈 한 개를 빼내 나사의 반대 방향 (바늘 등 쪽)으로 밀어 올립니다.

3.

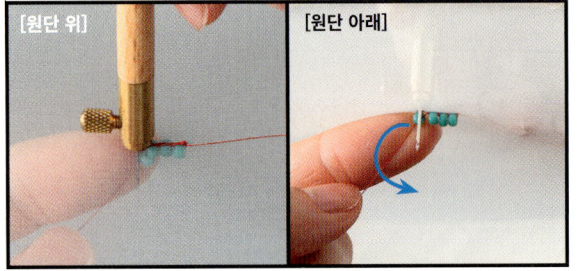

검지로 비즈를 누른 채 왼손을 돌리면서 바늘의 훅에 실을 겁니다.

4.

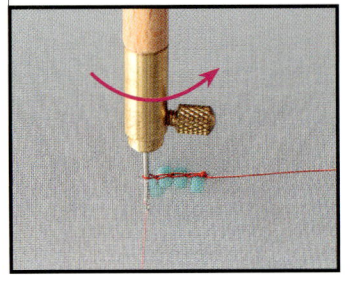

크로셰를 180도 회전시킵니다.

5.

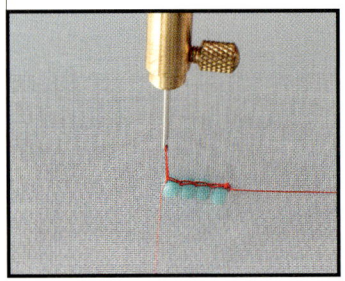

크로셰를 수직으로 끌어올립니다.

6.

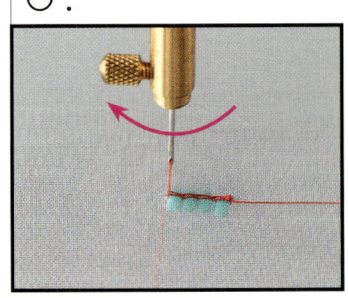

나사를 진행 방향으로 되돌립니다.

7.

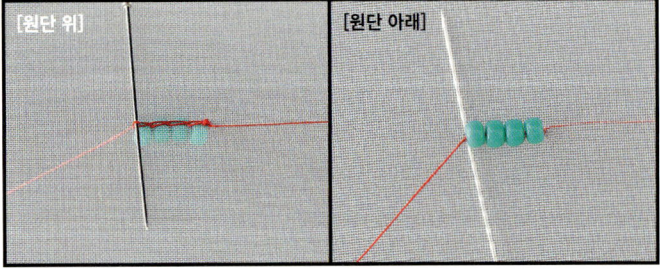

비즈가 수놓아진 모습입니다.

VARIANTE 변형 예시

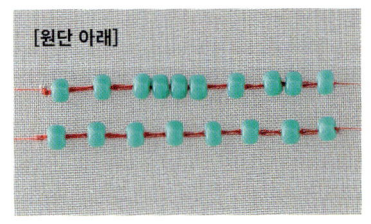

비즈를 규칙성 없이 랜덤하게 끼워 넣거나 (위), 한 땀 걸러 끼워 넣는(아래) 등 다양하게 응용할 수 있습니다. 어느 경우든 바늘땀의 길이는 비즈 한 개 길이 만큼입니다.

NOTE

스팽글의 경우

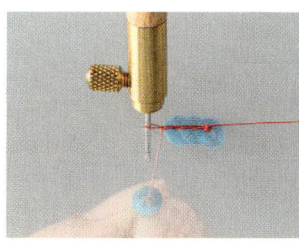

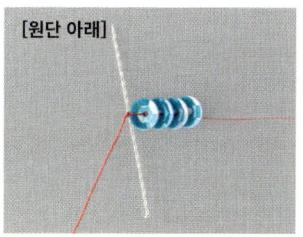

[원단 아래]

스팽글의 반지름만큼 앞쪽에 바늘을 넣고 p.42의 ⓞ~와 같은 방법으로 수놓습니다.

반지름 만큼씩 포개집니다.

REMARQUE
주의

비즈를 밀어 올릴 때, 실 거는 방향을 나타낸 그림 상의 화살표 꼬리 쪽으로 검지를 가져다 댑니다. 손가락이 화살표 머리 쪽에 오면 실을 걸기가 쉽지 않습니다.

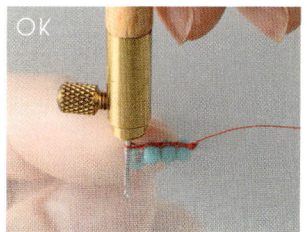

OK

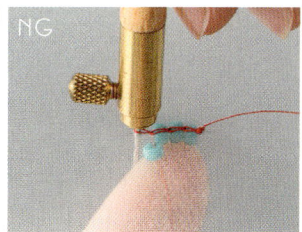

NG

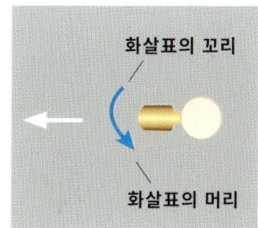

화살표의 꼬리

화살표의 머리

REMARQUE 주의

자수 시작과 끝의 위치

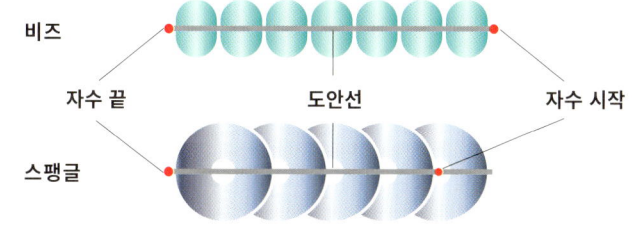

비즈

자수 끝   도안선   자수 시작

스팽글

비즈를 수놓을 때 시작 위치는 비즈의 가장자리가 되므로 도안선 가장자리에서 시작합니다. 스팽글은 도안선에서 시작하면 반지름만큼 도안선 밖으로 삐져나오게 되지요.
그러므로 「자수 시작 위치＝스팽글의 중심」이 됩니다. '만드는 법'에 특별히 지정한 바가 없다면 도안선에서 스팽글 반지름만큼 안쪽으로 들어간 위치에서 시작하세요. 마무리할 때는 비즈와 스팽글 모두 도안선 가장자리에 바늘을 넣습니다.

작은 스티치

1mm 정도의 매우 작은 스티치를 더해 주면 작품의 완성도가 향상됩니다.

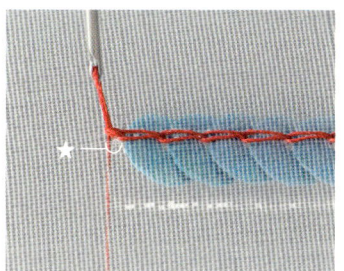

1mm 정도의 작은 체인 스티치 (★)
*비즈나 스팽글은 끼워 넣지 않습니다.

NOTE

임시 고정 역할을 하는 스티치입니다. 점으로 보일 정도로 작게 수놓으세요. 진행 방향을 바꿀 때나 마무리 스티치 등, 다양한 기법에 등장합니다. 일단 임시 고정을 해두면 이후의 스티치 방향으로 실이 흐르지 않아 스티치 라인을 깔끔하게 완성할 수 있으며 장식 부자재 등을 튼튼하게 꿰매 붙일 수 있습니다.

좁은 부분을 깔끔하게 수놓기

모서리나 고리의 이음매 등을 깔끔하게 처리할 수 있게 되면
작품의 완성도가 훨씬 향상됩니다.

① 고리 닫기

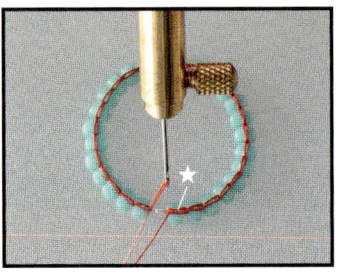 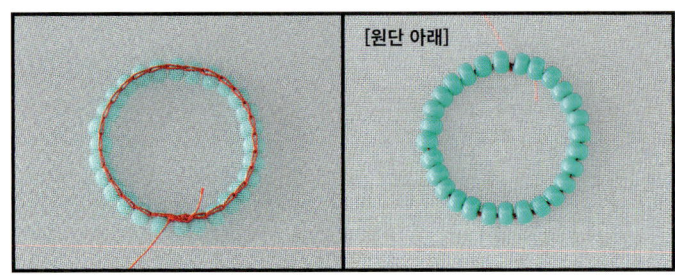

첫 번째 체인 스티치(★)의 고리 안에
바늘을 넣습니다.

마지막 스티치도 같은 고리 안에서 합니다.

② 모서리각 만들기

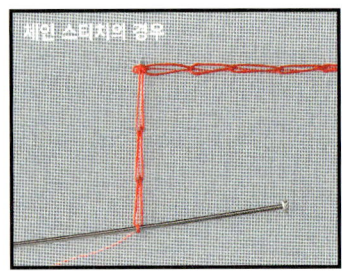 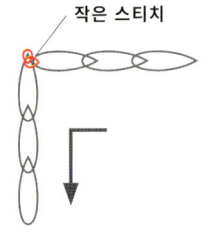 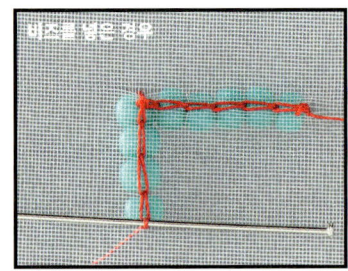 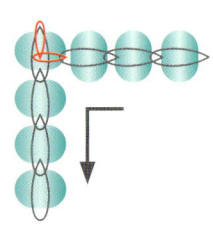

작은 스티치(p.43)를 두 번 합니다. 작은 스티치를 하지 않고 그대로 방향을 바꾸면 모서리가 둥글어지므로 주의하세요. 자세한 것은 p.77 **그림1** 참조

③ 예각 만들기 (푸엥 티르)

1.
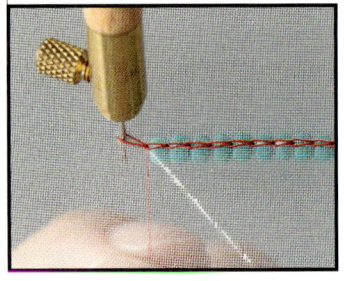

각을 만들고자 하는 방향(비즈 한 알의
지름보다 약간 더 길게 도안 바깥쪽)에
바늘을 꽂고 비즈없이 체인스티치를 합니다.

2.
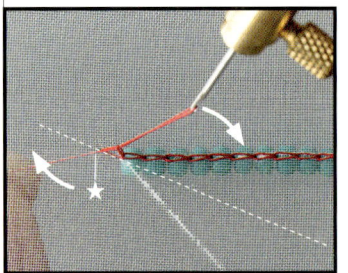

고리를 넓힌 후 나사를 1의 반대 방향
으로 틀어 (★) 을 기점으로 실을 원단
과 평행 하게 눕힙니다.

3.
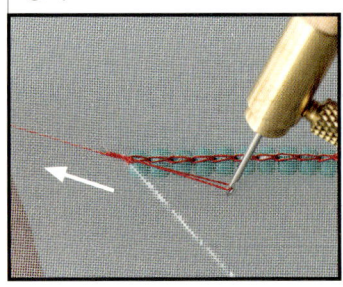

왼손의 실을 화살표 방향으로 당겨
고리 를 꽉 조여주세요.

4.
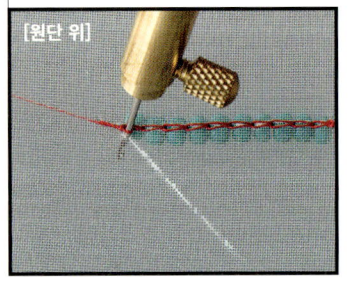

꽉 조여진 고리에 바늘을 넣습니다.

5.
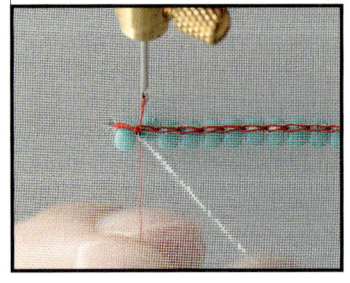

비즈 한 개를 수놓고, 이후 도안선을
따라 자수를 계속 진행합니다.

6.
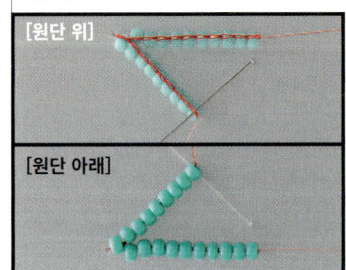

여러 개의 비즈를 한꺼번에 수놓을 수 있습니다.
*이해를 돕기 위해 바깥 테두리(녹색)와 비즈를 수놓기 위한 실(빨간색)의 색을
다르게 하였습니다. 실제 작업 시에는 한 가닥의 같은 실을 계속 사용합니다.

1.

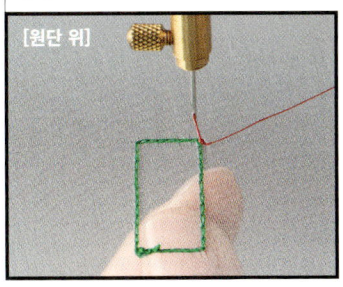

도안선을 따라 체인 스티치로 테두리
를 수놓습니다.

2.

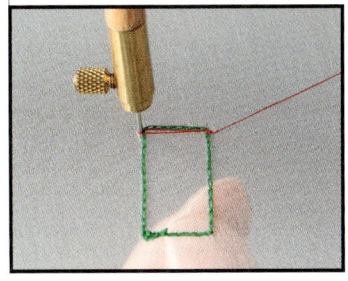

반대편 테두리에 바늘을 넣습니다.

3.

체인 스티치와 마찬가지로 바늘에
실을 겁니다.

4.

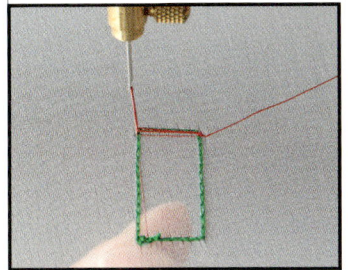

크로셰를 180도 회전시킨 후 위로
끌어 올립니다.

5.

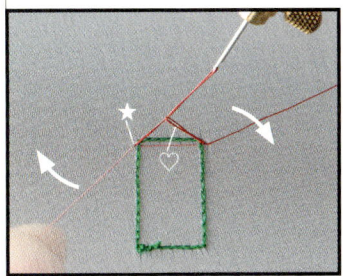

(★)를 기점으로 위아래의 실을 원단과
평행하게 눕힌 후 (♡) 표시의 고리를 꽉
조입니다.

6.

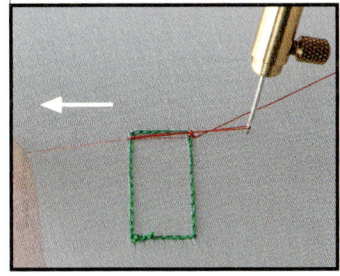

(♡)를 꽉 조인 모습. 왼손의 실을
당겨 바늘에 걸린 고리를 조입니다.

7.

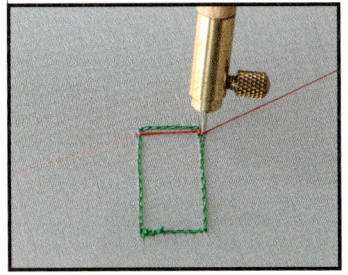

고리를 꽉 조였다면 테두리 바깥쪽에
바늘을 꽂아 넣습니다.

8.

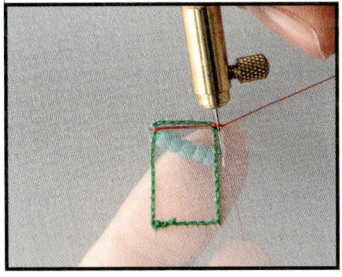

테두리의 폭에 맞춘 개수만큼 비즈를
들어 올린 후 바늘에 실을 겁니다.

9.

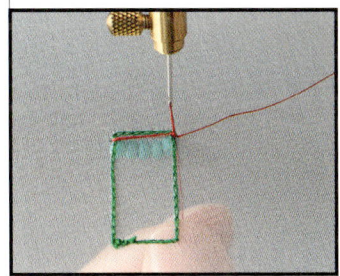

크로셰를 180도 회전시킨 후 위로
끌어 올리면 1열이 완성됩니다.

10.

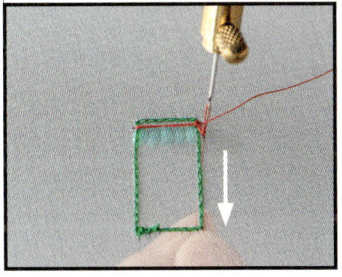

다음 열을 수놓기 위해 테두리 바깥쪽에
비즈 하나 크기의 체인 스티치를 합니다.

11.

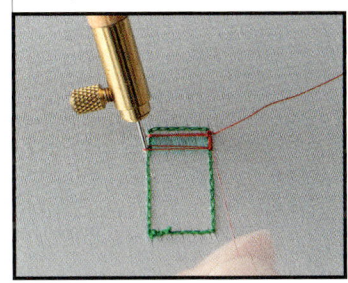

2~10의 과정을 반복하여 수를 놓습
니다.

12.

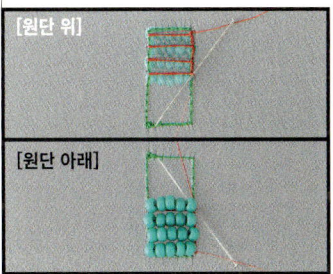

스팽글 연속 수놓기

스팽글은 수놓는 방향에 따라 포개지는 모양이 달라집니다.
실을 자르지 않고 같은 방향으로 연속해서 수놓는 방법을 소개하겠습니다.

1.

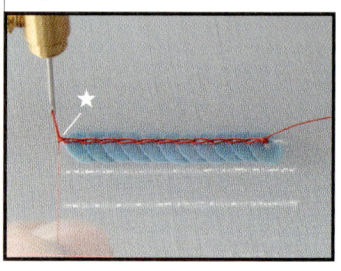

스팽글을 1열 수놓은 모습입니다. (★)
표시 부분에는 **작은 스티치 (p.43)** 를
하는데 스팽글은 끼워 넣지 않습니다.

2.

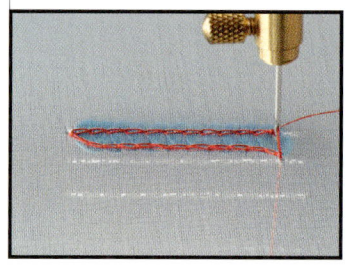

스팽글 없이 체인 스티치만으로 다음
자수 시작 위치까지 진행한 후 작은
스티치 를 합니다.

REMARQUE 주의

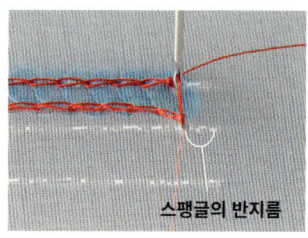

스팽글의 반지름

시작은 도안선 가장자리가 아니라 스팽
글의 반지름만큼 도안선에서 안쪽으로
들어간다는 점에 주의하세요.

3.

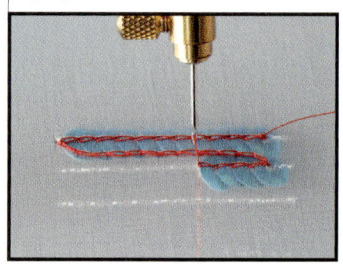

마찬가지로 계속 진행합니다.

4.

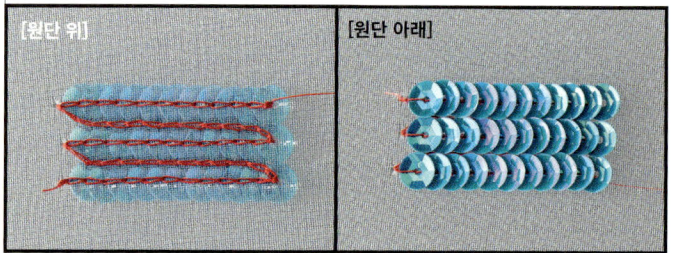

[원단 위]   [원단 아래]

연속해서 스팽글을 수놓은 모습. 스팽글이 같은 방향으로 포개집니다.

렘플리사지 (remplissage)

실만 사용해서 면을 채우는 기법입니다.
평행하게 나열되는 선은 다른 스티치보다 한 땀 더 크게 하여 수놓으세요.

1.

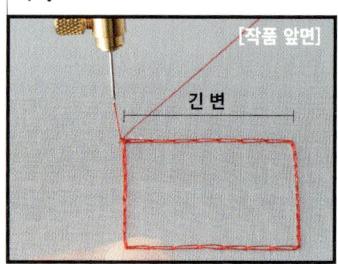

[작품 앞면]

긴 변

바깥 테두리를 수놓습니다. 안쪽 라인과
평행을 이루는 변(여기서는 긴 변)은 바늘
땀을 한 땀 더 크게 하여 수놓습니다.

2.

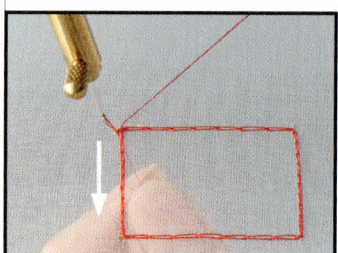

다음 열로 옮겨가기 위해 테두리
바깥에서 작게 한 땀 체인 스티치를
합니다.

3.

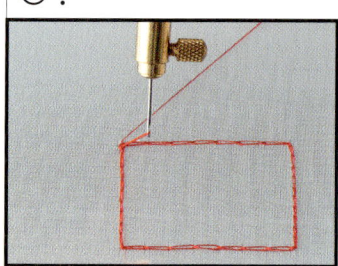

테두리와 평행하게 체인 스티치를
합니다. 작품이니 실에 따라서 다르긴
하지만, 한 땀 기준은 5mm 정도입니다.

4.

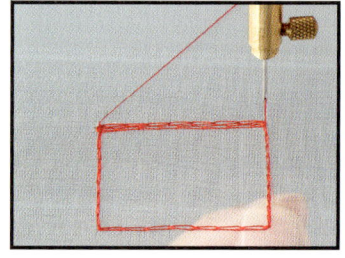

가장자리까지 진행했다면 테두리 선을
사이에 끼우듯 가로질러 작은 스티치를
합니다.

5.

2~4의 과정을 반복하여 왕복하면서
1열씩 수놓아 나갑니다.

REMARQUE 주의

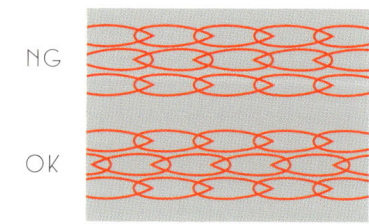

NG

OK

다음 열의 스티치와 엇갈리게 번갈아 수
놓으면 깔끔하게 마무리됩니다.

46

푸엥 리슈(point riche)

지그재그로 수놓는 기법으로 휘갑치기의 역할을 하며 입체적인 선을 표현하거나 올 풀림을 방지하는 용도로 사용하기도 합니다. *다음 사진에서는 이해를 돕기 위해 두 가지 색의 실을 사용하고 있습니다만, 실제로 작품을 만들 때는 한 가지 색을 사용합니다.

1.
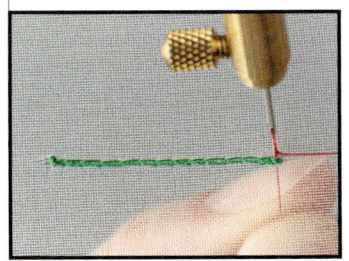

도안선을 따라 체인 스티치를 합니다.

2.
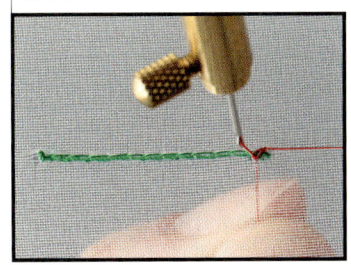

먼저 진행한 체인 스티치를 사이에 끼우듯 가로질러 작게 체인 스티치를 합니다.

3.
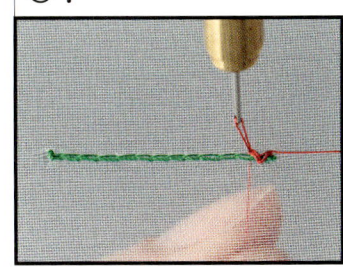

반대방향으로 가로질러 체인 스티치를 합니다.

4.
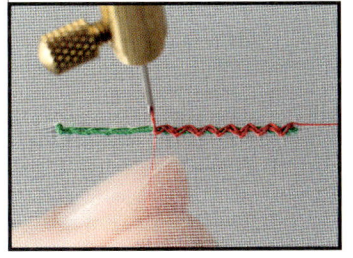

2. 3의 과정을 반복하여 진행하면 지그재그 모양으로 자수가 완성됩니다.

VARIANTE 변형 예시
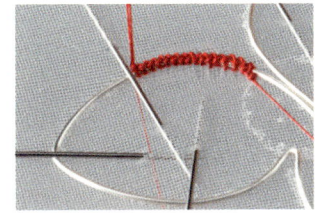

p.52와 같이 와이어를 원단에 꿰매 붙일 때도 사용하는 기법입니다. 와이어를 사용하면 입체적으로 모양을 잡아줄 수 있습니다. 와이어를 붙일 때는 1의 체인 스티치는 하지 않고, 2의 과정부터 시작합니다.

베르미셀(vermicelle)

방향 전환을 반복하면서 비즈나 스팽글 등의 장식 부자재로 면을 채워나가는 자수 기법으로, 작품을 화려하게 표현할 수 있습니다. 메탈사, 비즈, 스팽글 등등 재료에 따라서 완성된 작품의 표정이 달라집니다.

스티치의 진행 방향을 매번 다르게 하여 수를 놓습니다.
아래 그림의 선을 기본 형태로 면을 채워나갑니다.

	원단 위	원단 아래
체인 스티치		
바늘땀마다 비즈를 끼워 넣음		
한 땀 걸러 비즈를 끼워 넣음		
바늘땀마다 스팽글을 끼워 넣음		
캐비어= 비즈를 겹쳐 입체적으로 표현하는 기법으로 베르미셀로 수놓은(빨간색 실) 비즈 위에 다시 한번 겹쳐 베르미셀을 진행함(녹색 실)		

오트쿠튀르 자수에서는 크로셰 말고도 다양한 바늘을 사용합니다.
장식 부자재를 수놓는 기본적인 방법을 소개하겠습니다.

1.

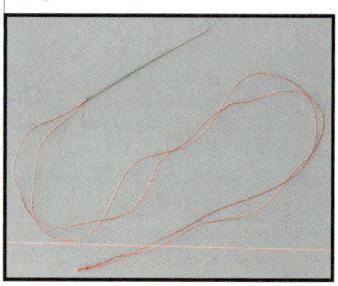

비즈 바늘에 실 한 가닥을 꿰어 두 겹으로 겹쳐 옭매듭 합니다.

2.

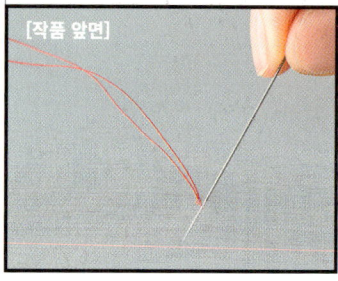

[작품 앞면]

바늘을 위로 빼내 천만 작게 떠서 작은 스티치를 합니다.

3.

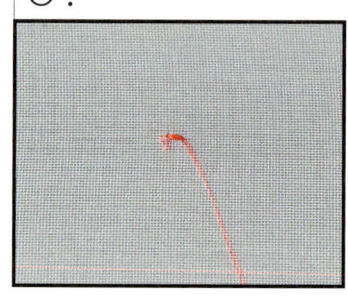

바늘을 아래로 꽂아 넣은 모습. 작은 스티치가 완성되었습니다.

REMARQUE 주의

손으로 수놓을 때도 크로셰로 수 놓는 것과 마찬가지로 「작은 스티치 (P.43)」를 하면서 진행합니다. 손으로 수놓을 때의 작은 스티치는 바늘로 한번 작게 천을 뜨는 것을 가리킵니다. 꿰매 붙인 부자재가 움직이는 것을 방지할 수 있습니다. 시작과 마무리 스티치는 '만드는 법'에 특별히 지정해 놓지 않더라도 반드시 작은 스티치를 해주세요.

4.

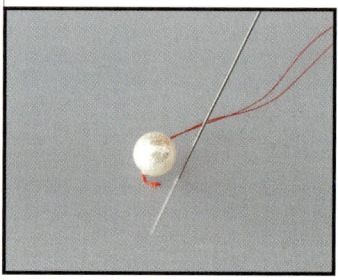

바늘을 빼내 장식 부자재(여기서는 진주)를 꿴 후 바늘을 넣습니다.

5.

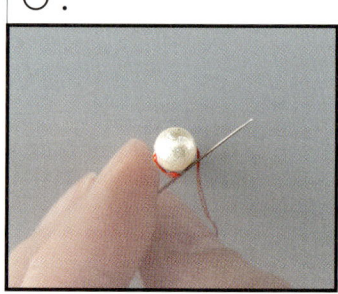

진주에 가려지는 위치에서 작은 스티치를 합니다.

6.

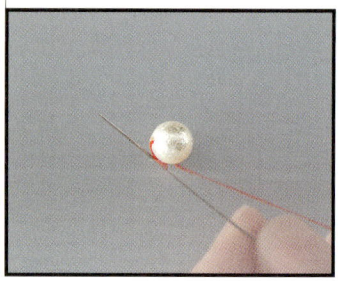

다시 한번 진주 가장자리에서 바늘을 빼냅니다.

7.

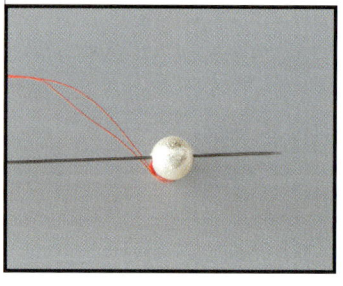

진주에 바늘을 통과시켜 바늘을 넣습니다.

8.

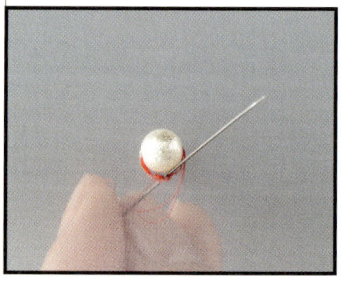

다시 작은 스티치를 합니다.

9.

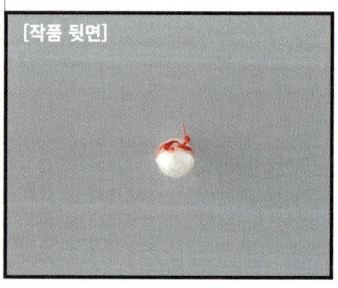

[작품 뒷면]

뒷면에서 옭매듭 한 후 실 끝을 짧게 자릅니다.

VARIANTE 변형 예시

라인스톤을 사용하는 경우

 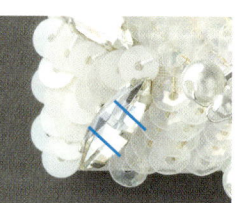 

라인스톤(rhinestone 인조 다이아몬드)을 사용할 때도 마찬가지로 라인스톤으로 가려지는 위치에 작은 스티치를 하면서 구멍 모양에 맞춰 2회씩 실을 통과시켜 고정합니다.

리본자수 (레이지 데이지 스티치)

고리 모양의 스티치입니다.
리본을 너무 세게 잡아당기지 않도록 주의하세요.

1.

[작품 앞면]

리본자수 바늘에 40cm 정도로 자른 리본을 꿰어 원단에 바늘을 넣고 작품 앞면에 리본의 끝부분을 2cm 정도 남깁니다.

2.

바늘을 **빼낸** 바로 옆에 바늘을 넣어 **작은 스티치**(P.48 NOTE)를 합니다.

3.

다시 위로 바늘을 빼내 2의 스티치를 덮는 형태로 작은 스티치를 합니다.

4.

시작 스티치가 완성되었습니다.

5.

리본 끝을 짧게 자릅니다.

REMARQUE
주의

시작 스티치는 자수 완성 후에 가려지는 위치에 만들어 줍니다. 리본자수의 경우처럼 굵은 실을 사용할 때 작품 뒷면에서 옭매듭을 하면 두께가 생겨 작품 만들기가 불편하므로 작품 앞면에 시작 스티치를 하는 것이 좋습니다.

6.

도안선 가장자리에서 바늘을 위로 빼냅니다.

7.

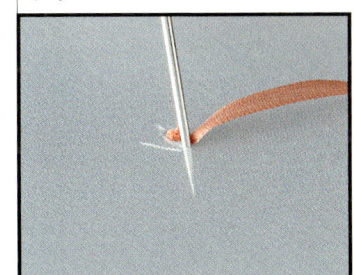

바로 옆에 바늘을 꽂아 넣습니다.

8.

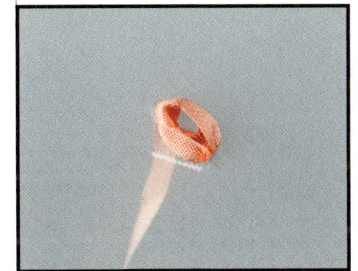

고리가 만들어지면 도안선 반대 가장자리에서 바늘을 위로 빼내 고리를 겁니다.

9.

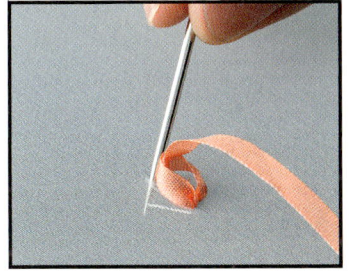

리본을 당겨 고리를 작게 줄인 후 바늘을 빼 낸 바로 옆에 고리를 가로질러 바늘을 꽂아 넣습니다.

10.

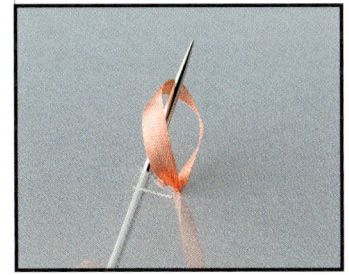

모양을 잡아주면 완성입니다.
같은 방법으로 계속 진행하세요.

11.

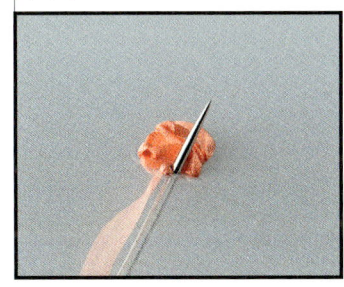

마무리 스티치는 리본으로 가려지는 부분 에서 작은 스티치를 2회 하고 시작 스티치 와 마찬가지로 작품 앞면에서 리본 끝을 자릅니다.

리본자수 (몽글몽글 수놓기)

폭이 넓은 리본으로 몽글몽글 수를 놓습니다.
이 책에서는 꽃잎을 표현하는 기법으로 사용하였습니다.

*시작 스티치와 마무리 스티치는 p.49 참조.

1.

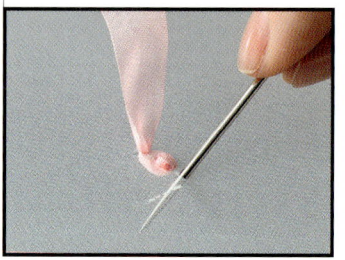

도안선 가장자리에서 바늘을 빼내
반대 쪽 가장자리에 바늘을 넣습니다.

2.

다른 바늘의 뭉툭한 뒷부분을
이용하여 모양을 몽글몽글 하게
잡아줍니다.

3.

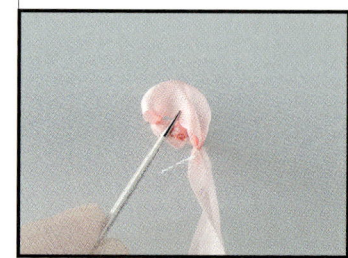

다음 스티치를 진행하기 전에 겉으로
보이지 않을 만한 부분에 작은 스티치
를 한 번 합니다.

리본자수 (주름 잡기)

리본을 충분히 사용하여 입체적이고
섬세한 주름을 만듭니다.

1.

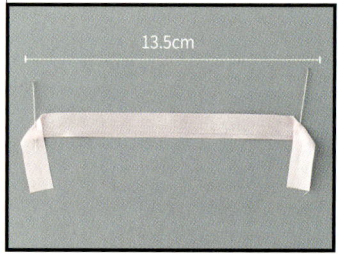

길이 20cm로 자른 리본 양 끝을 접어
13.5 cm로 만든 후 실크 핀으로 임시
고정합 니다.

2.

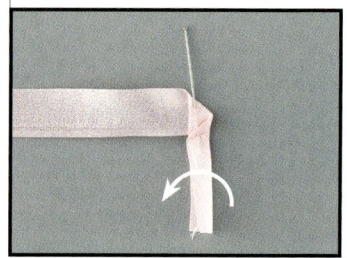

양 끝을 반으로 접어 임시 고정합니다.

3.

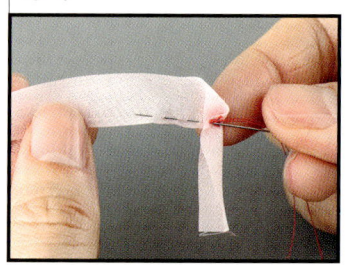

접은 부분을 박음질하고 끝단으로부터
약 2mm에 홈질로 바느질합니다.

4.

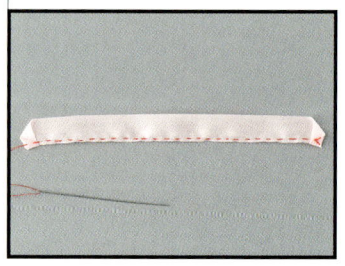

끝에서 끝까지 꿰맨 모습입니다.
튀어나온 부분은 자릅니다.

5.

도안선 길이에 맞게 실을 잡아당겨 줄입
니다. 끝부분은 박음질한 후 실을 자릅니다.

6.

도안선에 맞춰 실크 핀으로 임시 고정
합니다.

7.

작은 바늘땀으로 고정합니다.

REMARQUE 주의

활 모양으로 휜 도안선 안쪽에서 바늘을 빼내
리본에 바늘을 넣으면 바느질하기가 쉽습니다.

8.

완성.

50

액세서리 만들기의 기본

이 책의 많은 작품에서 사용되는 기본적인 액세서리 만들기 방법입니다.
작품의 앞면을 확인하면서 꼼꼼하게 완성해 보세요.

1.

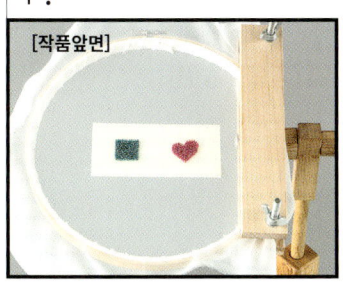

수를 다 놓고 수틀에서 빼기 전 작품 뒷면에 양면 접착 스티커를 붙입니다.

2.

1을 수틀에서 뺀 후 자수 모티브에서 약 7mm 정도 바깥쪽으로 시접을 남기고 자릅니다.

3.

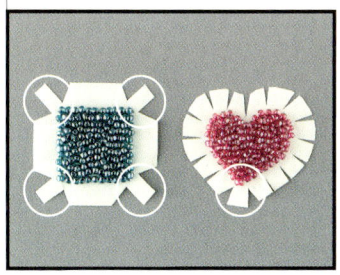

시접에 가위집을 냅니다. 모서리 부분 (=○) 은 뒷면으로 접었을 때 여러 겹으로 포개져서 두꺼워지므로 사진과 같이 일부를 잘라냅니다.

4.

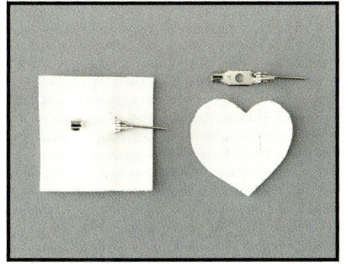

뒷면에 붙일 합성피혁에 커터 칼로 칼집을 넣어 핀을 세팅합니다.

5.

양면 접착 스티커의 박리지를 단번에 벗기면 잡을 부분이 없어지므로 조금씩 벗기는 것이 좋습니다.

6.

모서리각이 있는 도안일 경우에는 꼭짓점 부터 접습니다. 작품의 앞면을 보면서 작업을 진행하세요.

7.

시접을 접은 모습. 패브릭용 양면 접착 스티커의 점착 면이 노출되어 있으므로 책상에 올려둘 때는 주의합니다.

8.

4의 뒷면에 목공용 접착제를 얇게 발라 중심을 맞추면서 붙인 후 말립니다.

9.

작품의 앞면을 보면서 합성피혁의 남은 부분을 자릅니다.

10.

완성.

VARIANTE 변형 예시

기타 제작법

1~10 의 과정은 뒷면에 핀 등을 세팅한 합성피혁을 붙이는 방법입니다.
다음 소개하는 방법은 뒷면에 붙이는 것이 따로 없으므로 얇고 투명감 있는 상태로 완성할 수 있습니다.

① EX. P.10

양면 접착 스티커가 아닌 다 리미용 양면 접착심을 사용 하면 접착 후 뒷면에 점착성 이 남지 않으므로 겹쳐 만드 는 작품을 만들 수 있습니다.

② EX. P.6

바깥 둘레에 희석한 목공용 접 착제를 바르고 가장자리에서 잘라낸 후 푸엥 리슈 (은사로 수 놓아진 부분) 기법으로 처리하 면 올 풀림을 막을 수 있습니다.

MOTIFS FLORAUX　　P.6

흰꽃나도사프란 귀걸이를 만들어 봅시다.

* 이해를 돕기 위해 실과 별도의 천 색상을 다르게 사용하였습니다.
*재료와 도안은 p.59 참조.

1.

평집게로 도안선(p.59)에 맞춰 와이어 모양을 잡습니다. 마스킹테이프로 고정해 가면서 만들면 편리합니다. 와이어 끝을 10cm 남긴 후 자릅니다.

2.

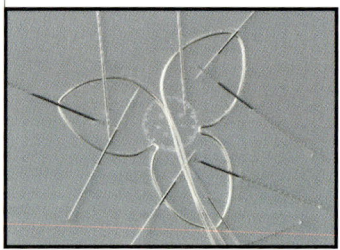

오건디에 도안을 베낀 후 작품 앞면이 아래를 향하게 하고 수틀에 끼웁니다. 도안선을 따라 모양을 잡은 와이어를 올려놓고 실크 핀으로 고정합니다.

3.

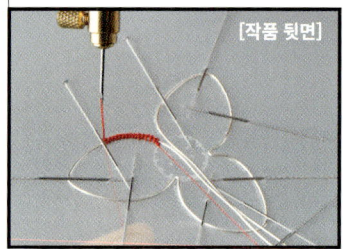

와이어 안쪽에 시작 스티치를 한 후 **푸엥 리슈(p.47)** 기법으로 와이어를 걸쳐 수 놓아 고정합니다. 선의 폭이 넓어지지 않도록 와이어 가장자리에 수놓습니다.

4.

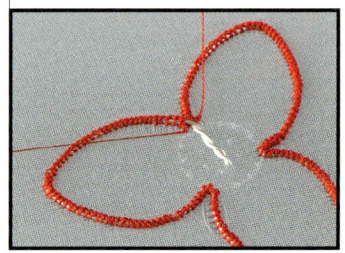

와이어 안쪽에서 마무리 스티치를 합니다. 와이어 끝을 2~3회 꼬아 도안의 중심 부근에서 니퍼로 자릅니다.

5.

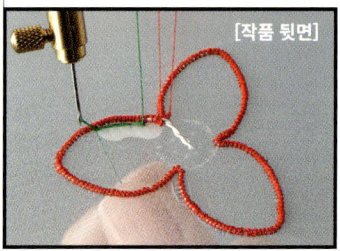

스팽글을 수놓습니다. 세 구획으로 나눠 구획마다 시작 스티치와 마무리 스티치 를 합니다.

6.

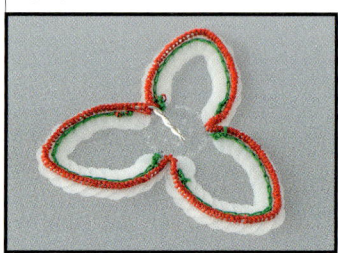

세 구획 모두 자수를 마무리한 모습. 실 끝은 작품 뒷면에서 끌어올려 매듭지은 후 자릅니다. 4의 실 끝도 스팽글 뒷면의 실에 감아 매어 처리합니다.

7.

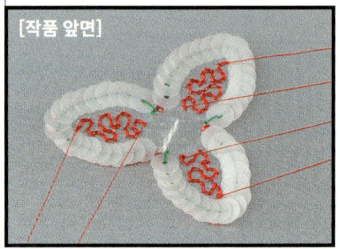

작품 앞면이 위로 향하게 수틀에 끼운 후 세 구획 각각 **베르미셀 (p.47)** 기법으로 채웁니다.

8.

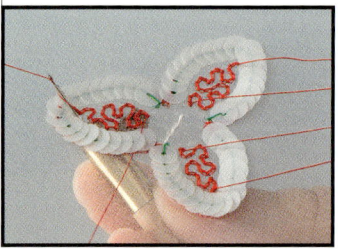

실 끝이 작품 앞면에 나와 있으므로 작품 뒷면으로 빼낸 후 처리합니다.

9.

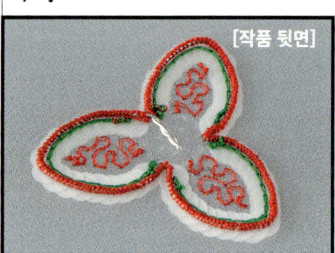

실 끝을 작품 뒷면에서 매듭지은 후 자릅니다.

10.

올 풀림 방지를 위해 소량의 물로 희석한 목공용 접착제를 바깥 둘레에 바른 후 말립니다.

11.

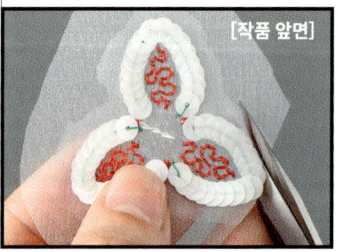

수놓은 원단을 수틀에서 뺀 후, 작품 앞면을 보며 자수 모티브 가장자리를 자릅니다.

12.

별도의 원단에 도안을 베낀 후 수틀에 끼웁니다. 그 위에 11을 중심을 맞춰 포개 올려놓고 비즈 바늘에 실을 꿰어 작은 스티치로 고정합니다.

도안 (꽃 중심부)

크리스탈
6mm 막대 비즈
○ =　· = ⬡ 사각홀 비즈

13.

위 그림과 15를 참조하여 중심에서부터 차례로 막대 비즈와 크리스탈을 곤충의 더듬이처럼 수놓습니다. 각각에 작은 스티치를 합니다.

14.

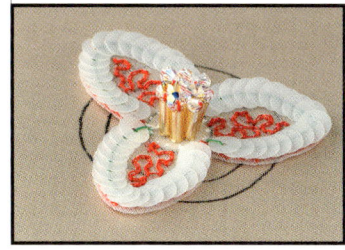

중심에 막대 비즈와 크리스탈 8개를 수 놓은 모습입니다.

15.

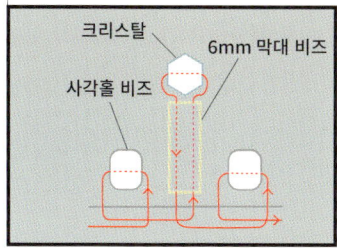

그림과 같이 사각홀 비즈와 크리스탈, 막대 비즈로 바깥 둘레를 수놓습니다.
* 매번 작은 스티치를 합니다.

16.

꽃 중심부를 모두 수놓은 모습입니다.

17.

[작품 뒷면]

도안의 바깥 둘레(=재단선)를 따라 소량 의 물로 희석한 목공용 접착제를 바른 후 말립니다.

18.

재단선을 따라 자릅니다.

19.

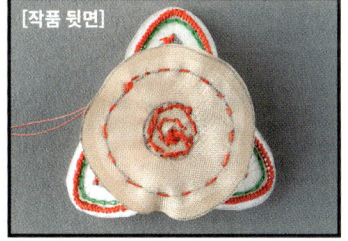

[작품 뒷면]

안쪽의 선을 따라 홈질합니다.

20.

[작품 뒷면]

샤워대(귀찌 부자재)를 넣고 실을 당겨 조입니다. 실을 단번에 당기기보다 조금 씩 잡아당기는 것이 좋습니다.

21.

여러 개의 주름을 한꺼번에 잡아 두 바퀴 정도 꿰매 샤워대(귀찌 부자재)를 확실 하게 감습니다.

22.

감싸놓은 모습. 가장자리를 박음질하고 옭매듭 하여 실을 자릅니다.

23.

귀찌 부자재의 나사 부분을 세팅한 후, 그림에서처럼 평집게로 고정쇠를 물려 줍니다.

24.

완성.

도안과 만드는 법

DESSINS
ET
COMMENT FAIRE

재료

● ( ) 안의 영문 이니셜은 재료 판매점을 나타냅니다.

EX.

평면 스팽글 / 4mm / 페일 화이트…약 50개(P)
판매점명

재료 판매점 (ABC순)

이 책에서는 주로 다음에 소개하는 재료를 사용하고
있습니다.

(E) : Art Fiber Endo……자수실

(I) : INAZUMA……부자재

(K) : 키와제작소……액세서리 부자재, 크리스탈

(M) : MIYUKI……시드 비즈

(MK) : MOKUBA……리본

(N) : NOIΣE……와이어

(O) : 오카다야……원단

(P) : 작은 수예점……스팽글, 비즈, 필라가
(Fil a gant), 라인스톤, 진주

(T) : TOHO……시드 비즈

*자세한 것은 p.95를 참조하세요.

● 자잘한 재료들은 자수를 놓는 사람에 따라서 필요
수량이 달라집니다. 조금 여유 있게 준비하세요.

도구

● 모든 작품에 공통으로 사용한 도구
(실크 핀, 쪽가위, 재단 가위, 종이 가위,
단면 복사지, 커팅매트, 수예용 철필,
문진)에 대해서는 기재를 생략하였습니다.

난이도

● 자수 테크닉의 난이도를 5단계로 구분하여
나타내고 있습니다.

1 ~ 5

자수 도안

● 이 책에 게재한 도안은 작품의 앞면에서 본 모습입니다.
* 작품 앞면이 아래로 향하게 수틀에 끼워 수놓을 때는
반대로 된 도안이 있으면 더욱 이해하기 쉽습니다.
필요시에는 수예용 먹지에 베껴 뒤집어 놓고 보세요.

 =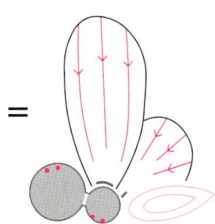

자수 바느질법

● 기본적으로 도안선 중심에 부자재의 중심이 위치
하도록 수놓습니다.
*베르미셀 기법으로 면을 채울 때는 부자재가
도안선 안쪽으로 들어가도록 합니다.

● 기본적으로 도안선에 같은 색으로 표시된 부분은
같은 방법으로 수를 놓습니다.

● 실 끝 처리하는 방법에 대하여 특별히 지정하지
않았을 때는 작품 뒷면에서 5mm정도 남기고
자릅니다.

● 스팽글은 수놓는 방향에 따라 완성도가 달라지므로
그림 안에 수놓는 방향을 표시하였습니다.

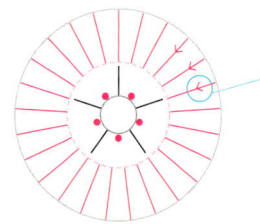

이 경우는 바깥쪽에서 안
쪽으로 진행합니다.

SAC DE SOIRÉE P.10

난이도

재료와 도구는 p.57 참조

자수 도안·형지 [130%로 확대]

꽃잎 모티브

a×4 장   b×3 장

본체

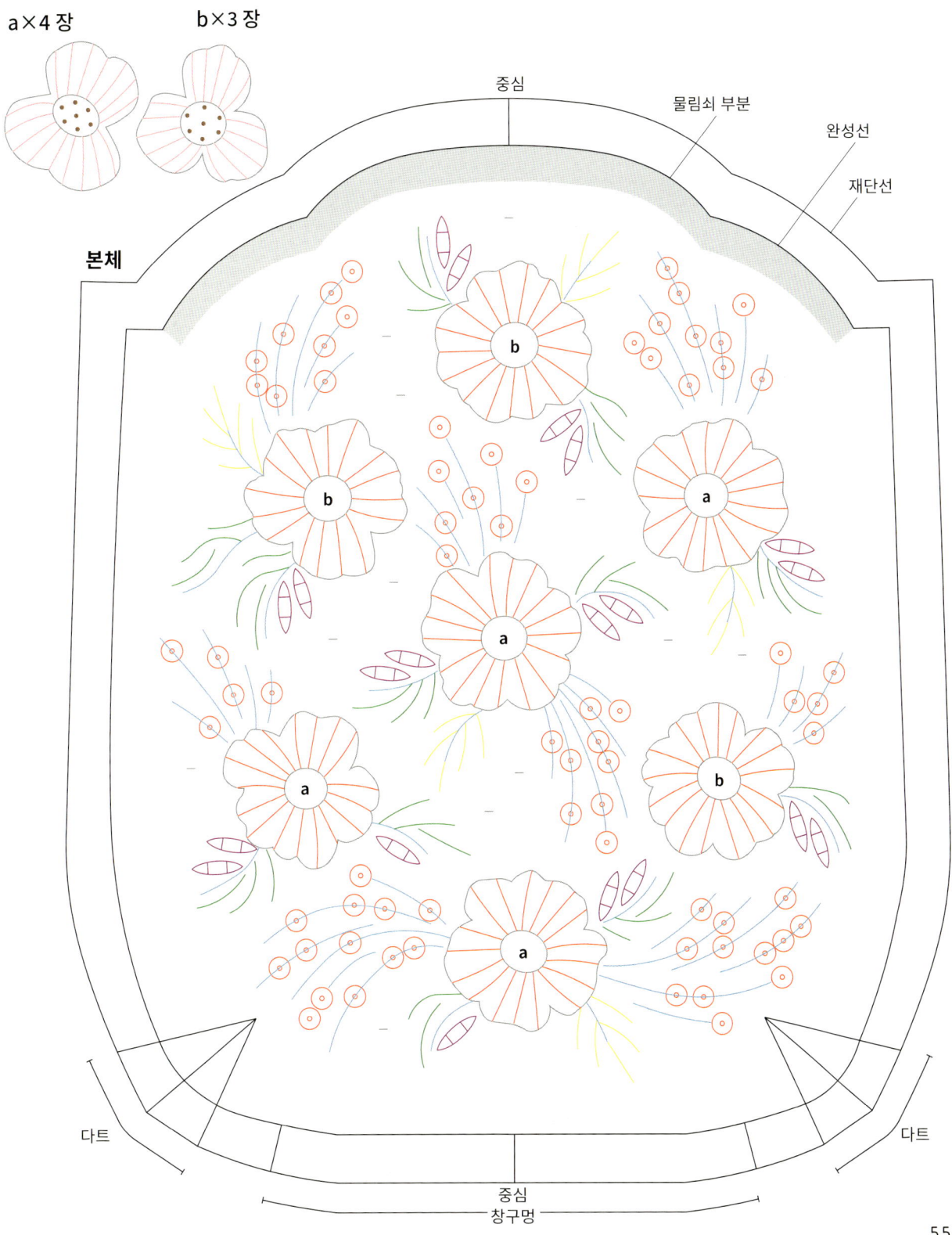

중심

물림쇠 부분

완성선

재단선

다트   다트

중심
창구멍

자수 바느질법
꽃잎 모티브 a /b

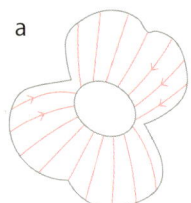 a

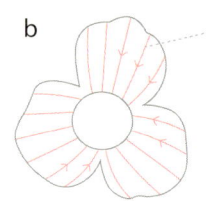 b

1. 작품 앞면이 아래로 향하게 수틀에 끼워 크로셰와 극세 은사로 스팽글(오로라 크리스탈)을 수놓습니다. 이때 자수 진행 방향은 밖에서 안으로 (p.46).
   ※ 수를 놓을 때는 도안선 가장자리에서 시작합니다.

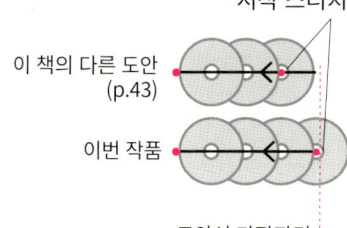

본체

※ 지정한 경우를 제외하고 실은 필라가(화이트)를 사용합니다.
※ 크로셰로 수를 놓았을 때 실 끝은 작품 뒷면에서 처리합니다.
※ 3-A〜E = 크로셰 : 작품 앞면이 아래로 향하게 수틀에 끼웁니다. /
　 F〜H = 비즈 바늘, 리본자수 바늘 : 작품 앞면이 위로 향하게 수틀에 끼웁니다.

　3-B. 극세 은사로 사각홀 비즈를 랜덤하게 수놓습니다 (p.42 VARIATNE (위)).
　　　 스팽글을 수놓을 부분은 비워 둡니다.
　3-C. 극세 은사로 스팽글(페일 화이트)을 수놓습니다.
　　　 사각홀 비즈와 겹치지 않도록 비워 놓은 위치에 들어가도록 해줍니다. ※B, C는 그림 1 참조
3-A. 스팽글(페일 화이트)을 밖에서 안으로 수놓습니다 (p.46).

3-G. 라인스톤을 꿰매 붙입니다.

3-E. 스팽글(오리엔탈 화이트)을 밖에서 안으로 수놓습니다.

그림 1

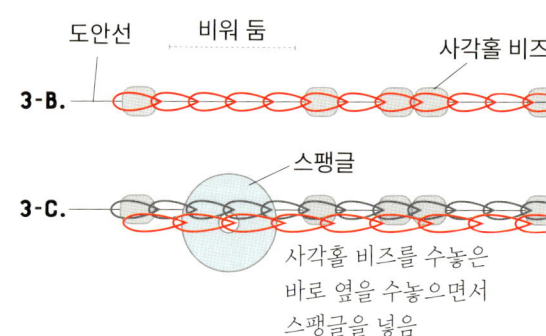

도안선　비워 둠　사각홀 비즈

3-B.

스팽글

3-C.

사각홀 비즈를 수놓은 바로 옆을 수놓으면서 스팽글을 넣음

3-D. 극세 은사로 사각홀 비즈를 수놓습니다.
3-F. 리본을 밖에서 안으로 몽글몽글하게 수놓습니다 (p.50).
3-H. 투명사를 비즈 바늘에 꿰어 그림 2와 같이 사각홀 비즈 두 개와 크리스탈을 한꺼번에 수놓습니다.

그림 2

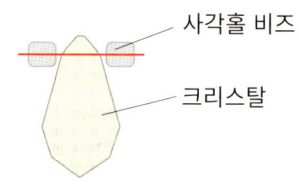

사각홀 비즈

크리스탈

꽃 중심부 a /b

4. 작품 앞면이 위로 향하게 수틀에 끼운 후 비즈 바늘과 필라가(화이트)를 사용해 그림 3과 같이 스팽글(골드)을 사각홀 비즈로 고정합니다.
　바깥 둘레 → 중심의 순서로 수놓습니다.

그림 3

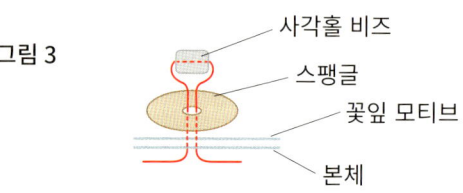

사각홀 비즈

스팽글

꽃잎 모티브

본체

재료

스팽글/ 5mm 육각/페일 화이트 … 약 800개(P)
스팽글/ 4mm 육각/오리엔탈 화이트 …약 210개(P)
스팽글/ 4mm 육각/오로라 크리스탈 …약 700개(P)
스팽글/ 4mm 솔레유/골드 …49개(P)
사각홀 비즈 11/0 /디아망테 실버 … 약 560개(P)
라인스톤/마퀴즈컷 4×11mm /크리스탈 …20개(P)
키와제작소 크리스탈 /#6000 11×5.5mm /크리스탈 AB …12개(K)
리본/ NO.1500K / 8mm /화이트 No.2(MK)
필라가(Fil a gant) /#100(화이트)(P)
극세 은사(P)
투명사(P)
은사
오건디(화이트) …3장
패브릭용 양면 접착심
물림쇠/ BK-1308 / 14×8cm /실버 …1개(I)
체인/ IRD280SQ /로듐 컬러 …1m(K)
O링/ 1.4x8mm /로듐 컬러 …2개(K)
소티 새틴 1500 / 64 라이트 베이지(O)
새틴 퀼트/ 910Q / 18 라이트 베이지(O)

도구

크로세 80호
비즈 바늘 12호, 리본자수 바늘 16호
자수틀
다리미, 바느질 바늘, 바느질 실, 시침실, 재봉틀, 평집게

자수 방법

1. 오건디에 꽃잎 모티브 도안을 베껴 수틀에 끼운 후
'**자수 바느질법**'을 참조하여 자수를 진행합니다.
꽃 중심부에는 수를 놓지 말고 비워둡니다.
※ 도안을 베낄 때는 도안과 도안간의 간격을 2cm 이상
둡니다.

2. 수를 놓은 원단 뒷면에 양면 접착심을 다리미(중간
온도, 스팀 사용하지 않음)로 붙인 후 0.7cm의 시접을
남기고 자릅니다. 시접에 가위집을 내고 접착심의
박리지를 벗겨 작품 뒤쪽으로 접어서 다리미 끝으로 살짝
눌러 붙이면 꽃잎 모티브가 완성됩니다.

3. 오건디에 본체 도안과 형지를 베껴 수틀에 끼운 후
'**자수 바느질법**'을 참조하여 자수를 진행합니다.

4. 꽃잎 모티브 a, b를 본체 지정 위치에 얹고 꽃 중심부
둘레에 작은 스티치를 합니다. '**자수 바느질법**'을 참조하여
꽃 중심부에 장식 부자재를 꿰매 붙이고 꽃잎 모티브를
본체에 고정합니다. **사진 1**을 참조하여 꽃잎 모티브의
선단을 작은 바늘땀으로 고정해주세요. 꽃잎이 몽글몽글
입체적으로 보이게 만들면 좋습니다.

사진 1

꽃잎 모티브

3-A

눈에 띄지 않도록 작은 바늘땀으로 본체에 꿰매 붙여 고정

작품 만드는 방법

1. 다음을 모두 형지의 재단선대로 같은 치수로 자릅니다.

오건디 × 2장 (한 장에는 미리 수를 놓아둠)
별도 원단 × 2장 : 소티 새틴
주머니 원단 × 2장 : 새틴 퀼트

2. 오건디와 별도 원단을 맞대어 바깥 둘레를 감침질합니다. 이후 이를 겉감이라 부릅니다.

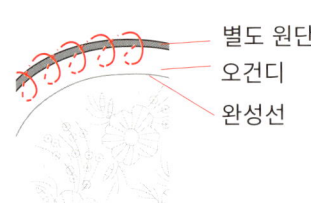

별도 원단
오건디
완성선

3. 겉감과 주머니감의 다트를 각각 꿰맵니다. 겉감의 다트 시접은 위로, 주머니감의 다트 시접은 아래로 눕히고 주머니감 시접의 솜을 제거합니다.

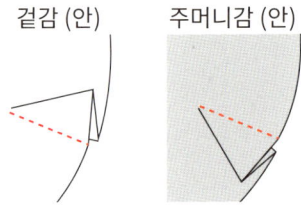

겉감 (안)　　　주머니감 (안)

4. 겉감과 주머니감 각각을 겉끼리 맞댄 후 측면과 바닥면을 꿰맵니다. 주머니감에는 창구멍을 남겨 둡니다. 이로써 겉주머니와 안주머니가 만들어졌습니다.

주머니감 2 (겉)

주머니감 1 (안)

창구멍

5. 안주머니는 시접을 약 0.6cm 정도 남기고 자른 후 시접의 솜을 제거합니다. 시접을 좌우로 갈라 스티치하여 눌러주면 더욱 깔끔하게 완성됩니다. 안주머니를 겉으로 뒤집어 모양을 잡아줍니다.

6. 안끼리 맞댄 안주머니를 겉끼리 맞댄 겉주머니 안에 집어넣습니다. 입구를 한 바퀴 꿰맵니다.

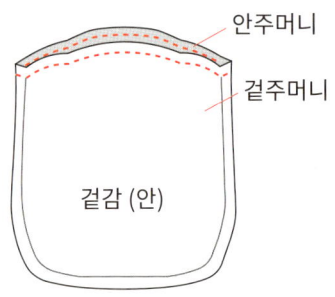

안주머니
겉주머니
겉감 (안)

7. 시접을 약 0.6cm 정도 남기고 자른 후 시접의 솜을 제거합니다. 물림쇠에 집어넣을 부분에 가위집을 냅니다.

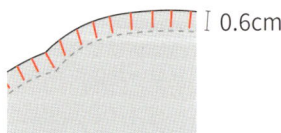

0.6cm

8. 창구멍을 통해 뒤집은 후, 모양을 잡고 창구멍을 감침질하여 막습니다. 물림쇠의 중심을 맞춰 세팅한 후 시침실로 임시 고정합니다.

9. 은사 2가닥으로 물림쇠를 꿰매 고정합니다. O링을 사용해 물림쇠 고리 부분에 체인을 연결하면 완성.

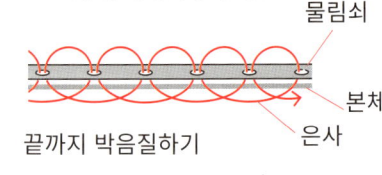

물림쇠
본체
끝까지 박음질하기
은사

MOTIFS FLORAUX P.6

난이도

재료 (1세트)

스팽글 / 5mm 평면 / 페일 화이트 ···약 140개 (P)
사각홀 비즈 11/0 / 디아망테 실버 ···14개 (P)
6mm 막대 비즈 / No. 22F (무광 골드) ···30개 (T)
키와제작소 크리스탈 / #5328 / 2.5mm / 크리스탈 AB ···30개 (K)
논 피어싱 귀찌 부자재 / 샤워 헤드 모양의 나사형 15mm / 로듐 컬러 ···1세트 (K)
아티스틱 와이어 / #24 / 논타니쉬 실버 ···30cm (N)
필라가(Fil a gant) / #100 (화이트)(P)
극세 은사 (P)
오건디 / 화이트
백 새틴 샨퉁(Back Satin Shantung) / 오프화이트 ···수틀 치수에 맞춰 준비 (O)

도구

크로셰 80호
비즈 바늘 12호
자수틀
평 집 게 , 니 퍼 , 마 스 킹 테 이 프 ,
목공용 접착제, 종이컵, 펜

만드는 법

p.52 참조.
※ 오건디, 별도 원단 모두 한 장의 원단에 두 개 도안을 베껴도 되지만,
  도안과 도안의 간격이 너무 가까우면 수놓기가 어려우므로 주의합니다

자수 도안 + 자수 바느질법 [실물 크기] × 2장

※지정한 경우를 제외하고 실은 필라가(화이트)를 사용합니다.
※지정한 경우를 제외하고 바늘은 크로셰를 사용합니다.

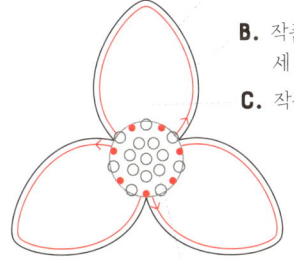

A. 작품 앞면이 아래로 향하게 수틀에 끼워 와이어를 푸엥 리슈(p.47) 기법으로 꿰매 붙입니다.

B. 작품 앞면이 아래로 향하게 수틀에 끼워 스팽글을 수놓습니다.
   세 구획 각각 시작 스티치와 마무리 스티치를 합니다.

C. 작품 앞면이 위로 향하게 수틀에 끼워 극세 은사를 사용해 **베르미셀(p.47) 기법**으로 수놓습니다.

D. 작품 앞면이 위로 향하게 수틀에 끼워 **그림 1**을 참조하여
   비즈 바늘로 수놓습니다.

형지 [실물 크기] × 2장
백 새틴 샨퉁 (별도 원단)

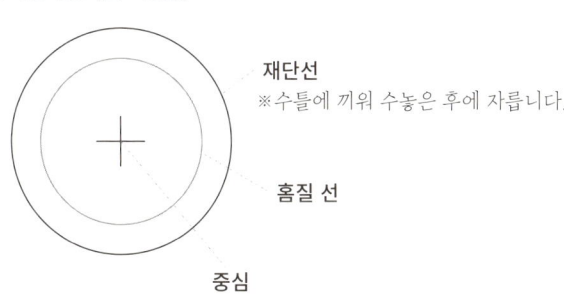

재단선
※수틀에 끼워 수놓은 후에 자릅니다.

홈질 선

중심

그림 1

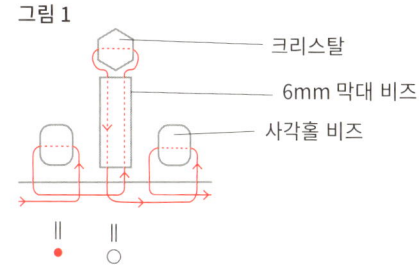

크리스탈
6mm 막대 비즈
사각홀 비즈

※매번 작은 스티치를 합니다.

MOTIFS FLORAUX

P.6 난이도

재료

스팽글 / 5mm 평면 / 페일 화이트 …약 300개(P)
사각홀 비즈 11/0 / 디아망테 실버 …약 80개(P)
6mm 막대 비즈 / No. 22F(무광 골드) …21개(T)
키와제작소 크리스탈 / #5328 / 2.5mm / 크리스탈 AB …21개(K)
브로치 핀대 / 샤워 헤드 모양의 브로치핀 헤어클립 장착형 25mm / 로듐 컬러 …1개(K)
아티스틱 와이어 / #24 / 논타니쉬 실버 …40cm(N)
필라가(Fil a gant) / #100(화이트)(P)
극세 은사(P)
오건디 / 화이트
백 새틴 샨퉁 / 오프화이트 …수틀 치수에 맞춰 준비(O)

도구

크로셰 80호
비즈 바늘 12호
자수틀
평집게, 니퍼, 마스킹테이프,
목공용 접착제, 종이컵, 펜

만드는 법

※ **1~5**의 과정은 위 꽃잎, 아래 꽃잎 공통으로 적용
됩니다. 한 장의 오건디 원단에 두 개 도안을 베껴 함께
수를 놓아도 좋습니다.

1. 와이어를 도안지 위에 올려놓고 윤곽을 따라 모양을
잡습니다.

2. 도안을 베낀 오건디를 작품 앞면이 아래로 향하게
수틀에 끼운 후, 모양을 잡아 놓은 와이어를 도안선에
맞춰 실크 핀으로 임시 고정합니다. 극세 은사를 사용
하여 **푸엥 리슈(p.47) 기법**으로 수놓아 와이어를 고정
합니다. 와이어 양 끝 5cm는 붙이지 말고 그대로
둡니다.

3. 와이어 양 끝을 함께 두세 번 느슨하게 꼬아 도안 중심
부근에서 니퍼로 자릅니다(**그림 1** 참조). 이때 원단은
자르지 않도록 주의합니다.

4. [자수 도안 + 자수 바느질법]을 참조하여 꽃잎을 수놓
습니다.
※ 꽃 중심부는 **7**에서 진행하므로 남깁니다.

5. 자수 바깥 둘레에 목공용 접착제 희석액을 발라 올
풀림 방지 처리를 해 둡니다. 접착제가 마르면 수놓은
실이 잘리지 않도록 주의하면서 바짝 자릅니다.

6. 형지를 베낀 백 새틴 샨퉁 (이하, 별도 원단이라고 함)
을 수틀에 끼워 중심을 잡아주고 아래 꽃잎과 위 꽃잎
을 겹칩니다. 꽃잎을 서로 엇갈리게 겹쳐 작은 스티치
로 임시 고정합니다.

7. 비즈 바늘로 꽃 중심부를 수놓습니다. 별도 원단, 아래
꽃잎, 위 꽃잎을 함께 꿰맵니다.

8. p.53의 **17~24**의 과정을 참조하여 마무리합니다.

그림 1

푸엥 리슈

자른다

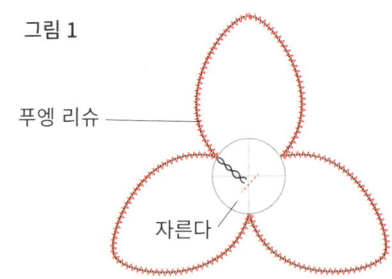

작품 뒷면

자수 도안 + 자수 바느질법 [실물 크기]

※ 지정한 경우를 제외하고 실은 필라가(화이트)를 사용합니다.
※ 지정한 경우를 제외하고 바늘은 크로셰를 사용합니다.

꽃잎(위)

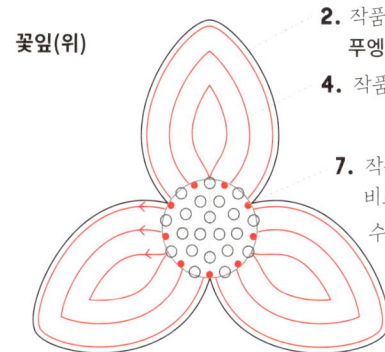

2. 작품 앞면이 아래로 향하게 수틀에 끼워 극세 은사를 사용하여 **푸엥 리슈(p.47) 기법**으로 와이어를 고정합니다.

4. 작품 앞면이 아래로 향하게 수틀에 끼워 스팽글을 수놓습니다.

7. 작품 앞면이 위로 향하게 수틀에 끼워 비즈 바늘로 중심에서부터 차례로 수놓습니다(**그림 2** 참조).

그림 2

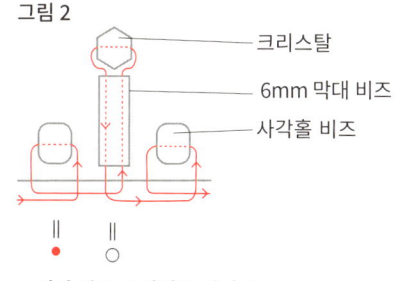

크리스탈
6mm 막대 비즈
사각홀 비즈

※ 매번 작은 스티치를 합니다.

꽃잎(아래)

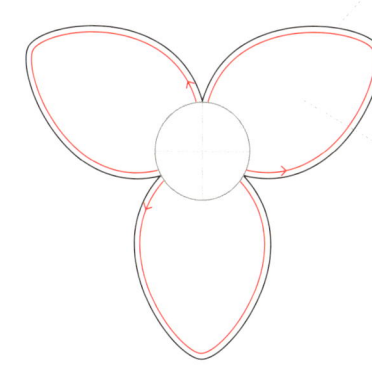

2. 작품 앞면이 아래로 향하게 수틀에 끼워 극세 은사를 사용하여 **푸엥 리슈(p.47) 기법**으로 와이어를 고정합니다.

4-A. 작품 앞면이 아래로 향하게 수틀에 끼워 스팽글을 수놓습니다. 세 구획 각각에 시작 스티치와 마무리 스티치를 합니다.

4-B. 작품 앞면이 아래로 향하게 수틀에 끼워 극세 은사를 사용하여 **베르미셀(p.47) 기법**으로 면을 채웁니다. 한 땀 걸러 사각홀 비즈를 끼워 넣습니다.

형지 [실물 크기]
백 새틴 샨퉁 (별도 원단)

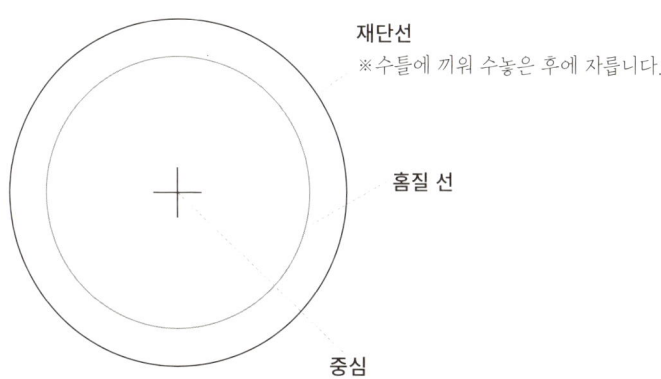

재단선
※ 수틀에 끼워 수놓은 후에 자릅니다.

홈질 선

중심

MOTIFS FLORAUX   P.6   난이도 ▰▱

재료

스팽글 / 4mm 평면 / 페일 화이트 …약 130개 (P)
스팽글 / 4mm 육각 / 오로라 크리스탈 …약 140개 (P)
육각 비즈 / No. 21 (실버) …131개 (T)
라인스톤 / 마퀴즈컷 4×11mm / 크리스탈 …4개 (P)
샤이니 진주 / 6mm / 크림색 …2개 (K)
수지 진주 / 4mm / 화이트 …14개 (K)
수지 진주 / 2mm / 화이트 …26개 (K)
아티스틱 와이어 / #28 / 논타니쉬 실버 …160cm (N)

자동머리핀 부자재 / 60mm / 니켈 …1개 (K)
필라가(Fil a gant) / #100 (화이트) (P)
극세 금사 (P)
오건디 (화이트)
패브릭용 양면 접착 스티커
합성피혁 (화이트)

도구

크로셰 80호
비즈 바늘 12호
자수틀
목공용 접착제, 니퍼, 테이프

만드는 법

1. 오건디에 도안을 베껴 수틀에 끼웁니다.
　[자수 도안 + 자수 바느질 법]을 참조하여 자수를 진행합니다.

2. 그림 1을 참조하여 와이어 장식을 만들고 [자수 도안 + 자수 바느질 법]에서
　지정한 위치에 중심의 고리 부분을 수놓습니다.

3. 비즈 바늘로 진주를 수놓습니다.

4. 액세서리 만들기의 기본(p.51)을 참조하여 만들기를 진행합니다.
　※ 헤어클립을 끼워 넣을 때는 브로치 핀을 삽입할 때처럼 중심을 안쪽에 넣지 않고
　양 끝을 안쪽에 넣습니다.

자수 도안 + 자수 바느질 법 [실물 크기]

※ 지정한 경우를 제외하고 실은 필라가(화이트)를 사용합니다.
※ 1-A, B =크로셰 : 작품 앞면이 아래로 향하게 수틀에 끼웁니다. / 1-C, 2, 3 =비즈 바늘 : 작품 앞면이 위로 향하게 수틀에 끼웁니다.

2. 와이어 장식(大)
부착 위치

2. 와이어 장식(小)
부착 위치

1-A. 극세 금사로 육각 스팽글을 도안
중심 쪽으로 수놓습니다(p.46).

1-C. 라인스톤을 꿰매 붙입니다.

1-B. 평면 스팽글을 도안 중심 쪽으로
수놓아 나갑니다.

3. 6mm 진주.
왼쪽에만 아래 그림과 같이 2mm와
4mm의 진주를 둘레에 꿰매 붙입니다.

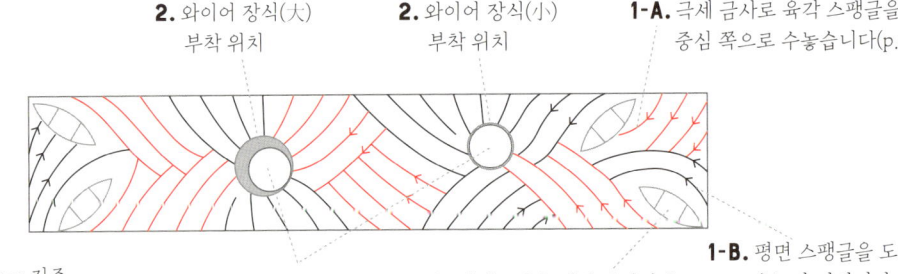

3-C. 작은 바늘땀으로 진주 사이의 실을 고정합니다.

3-B. 진주(6mm) 주변 4개의 진주를
한 번의 바늘땀으로 꿰매 붙입니다.

진주 4mm
진주 2mm

3-A. 진주(6mm)를 꿰매 붙입니다.

그림 1

와이어 장식 (大)

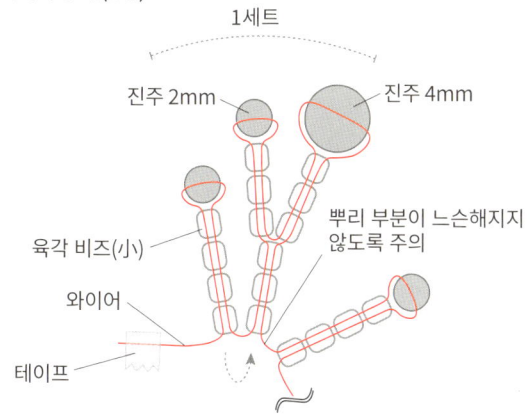

1세트

진주 2mm
진주 4mm
육각 비즈(小)
와이어
테이프
뿌리 부분이 느슨해지지
않도록 주의

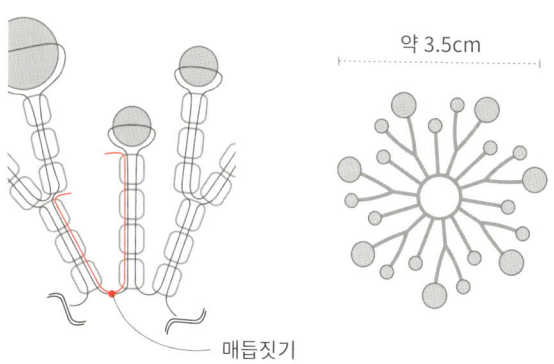

약 3.5cm
매듭짓기

A. 와이어를 90cm로 자릅니다.
비즈가 빠지지 않도록 와이어 끝을 테이프로 감습니다.
육각 비즈(小)를 꿴 후 진주를 끼워 넣고 되돌아오기를
반복하여 총 7세트를 만듭니다.

B. 7세트째 만들기가 끝났다면 처음에 감아뒀던 테이프를 벗겨내고
와이어의 끝과 끝을 한차례 매듭짓습니다.
나머지 와이어를 육각 비즈(小) 구멍에 통과시킨 후 삐져나온 부분을
자릅니다.

와이어 장식 (小)

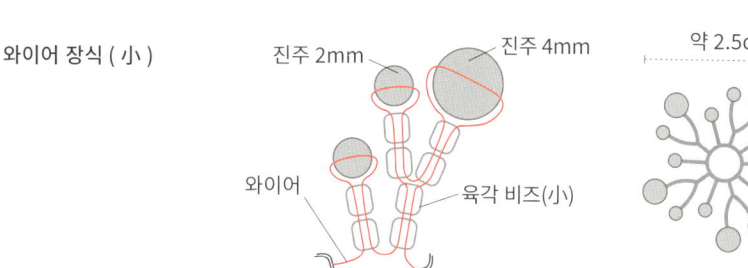

진주 2mm
진주 4mm
와이어
육각 비즈(小)

약 2.5cm

와이어를 70cm 길이로 자릅니다.
와이어 장식(大)과 같은 방법으로 만듭니다.
비즈의 수량을 달리하여 5세트 반복합니다.

형지 [실물 크기]
합성피혁

칼집 내기

63

AUMÔNIÈRE   P.8   난이도 ◄━━━━

재료

육각 비즈 / No. 21F (무광 실버) …약 180개 (T)
실에 꿰어진 진주 / 2mm / 화이트 …63개 (P)
라인스톤 / 4mm / 체코 크리스탈 …3개 (P)
리본 / NO.1547 / 4mm / 오프화이트 No.1 (MK)
리본 / NO.1100 / 3mm / 오프화이트 No.00 …45cm×2개 (MK)
필라가(Fil a gant) / #100 (화이트) (P)
오건디 (화이트) …4개

※ 실에 꿰어진 진주의 실이 두 가닥으로 되어 있으므로 필라가 실로 옮길 때
   한 가닥만 매듭짓고 다른 한 가닥은 매듭에 걸리지 않도록 자릅니다.

자수 놓는 방법

1. 오건디에 도안과 형지를 베껴 수틀에 끼웁니다.
   [자수 도안 및 형지 · 자수 바느질법]을 참조하여 자수를 진행합니다.

2. 리본을 수놓습니다.

3. 그림 1을 참조하여 프린지(fringe, 실을 꼬아 장식으로
   만든 술)를 만들고, 라인스톤을 꿰매 붙입니다.

도구

크로셰 80호
비즈 바늘 12호, 리본자수 바늘 18호
자수틀
풀림 방지액, 바느질 실, 바느질 바늘, 끈끼우개

사진 1

사진 2

그림 1

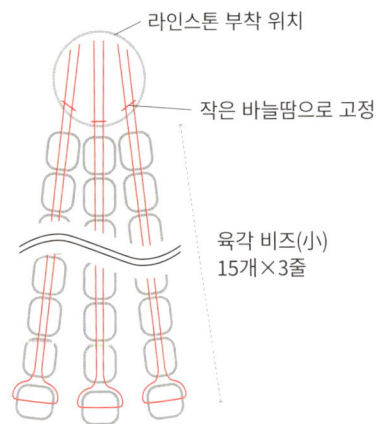

라인스톤 부착 위치
작은 바늘땀으로 고정
육각 비즈(小)
15개×3줄

라인스톤 부착 위치 위쪽으로 비즈 바늘을 빼내 육각 비즈
(小) 14개 + 1개를 끼워 되돌아온 후, 라인스톤 부착 위치를
남기고 길이를 조절하여 바늘을 빼낸 곳 가까이 바늘을
넣습니다.
라인스톤 부착 위치 아래쪽에서 작은 바늘땀으로 실을 고정
합니다. 총 3개를 만들고 마지막에 라인스톤을 꿰매 붙입
니다. 실을 너무 잡아당기면 팽팽해져 프린지가 찰랑찰랑
흔들거리지 않게 되므로 주의합니다.

자수 도안·형지＋자수 바느질법 [실물 크기]

※ 크로셰로 수놓은 실의 끝은 작품 뒷면에서 감아 매어 처리합니다.

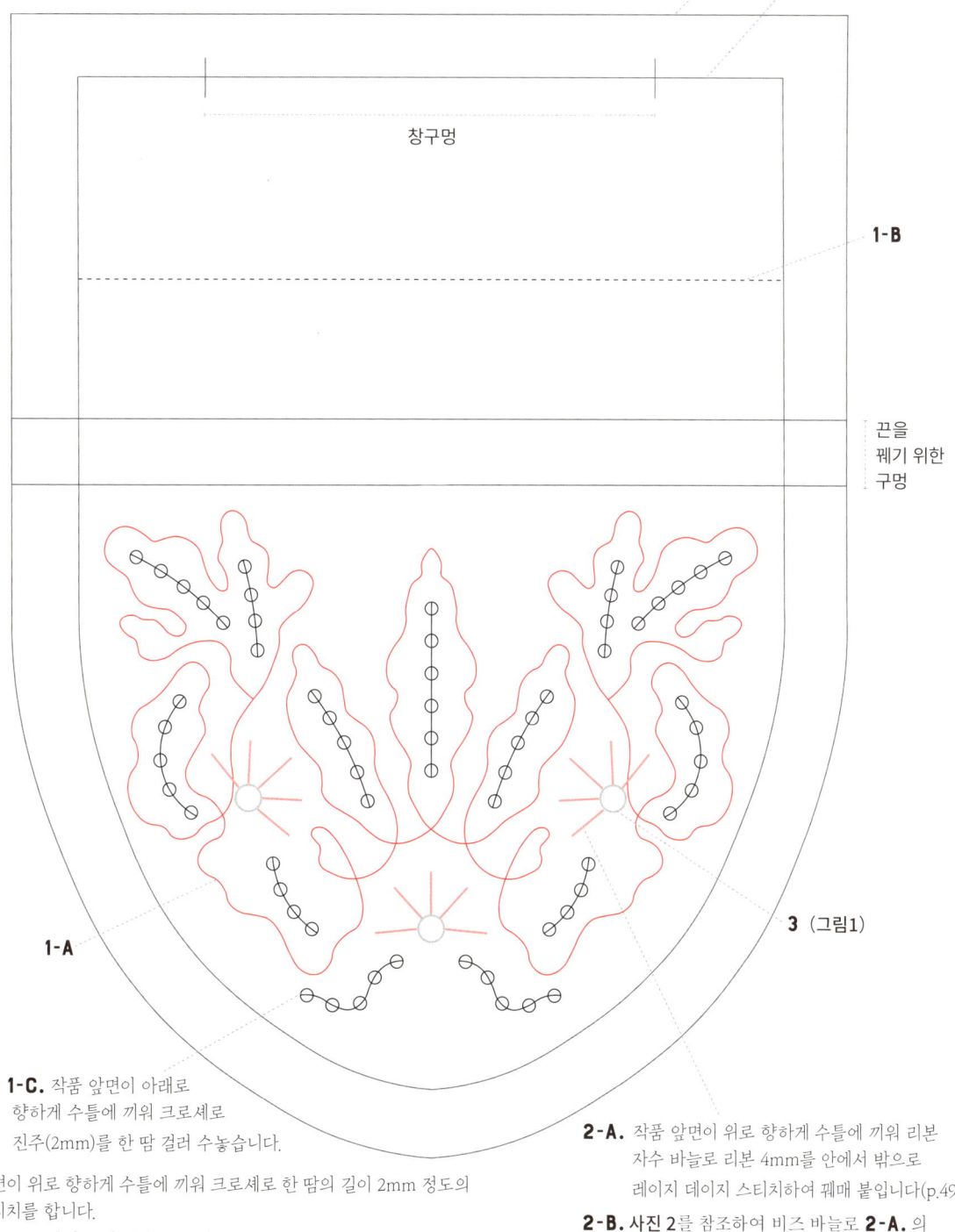

재단선   완성선

창구멍

1-B

끈을
꿰기 위한
구멍

1-A

3 (그림1)

1-C. 작품 앞면이 아래로
향하게 수틀에 끼워 크로셰로
진주(2mm)를 한 땀 걸러 수놓습니다.

1-A. 작품 앞면이 위로 향하게 수틀에 끼워 크로셰로 한 땀의 길이 2mm 정도의
체인 스티치를 합니다.
　※ 커브 부분을 진행할 때 실이 너무 팽팽하면 원단이 울 수 있으므로
　　살짝 느슨하게 수놓습니다.

1-B. 작품 앞면이 아래로 향하게 수틀에 끼워 크로셰로 한 땀 걸러 육각 비즈(小)
를 수놓아 양 끝이 비즈로 마무리될 수 있도록 조절합니다(사진 1).

2-A. 작품 앞면이 위로 향하게 수틀에 끼워 리본
자수 바늘로 리본 4mm를 안에서 밖으로
레이지 데이지 스티치하여 꿰매 붙입니다(p.49).

2-B. 사진 2를 참조하여 비즈 바늘로 **2-A.** 의
중심에 육각 비즈(小) 두 개를 한꺼번에
수놓습니다. 바늘을 넣고 빼는 위치는 리본과
겹쳐도 괜찮습니다.

완성선

작품 만드는 방법

1. 오건디를 4장으로 자릅니다.

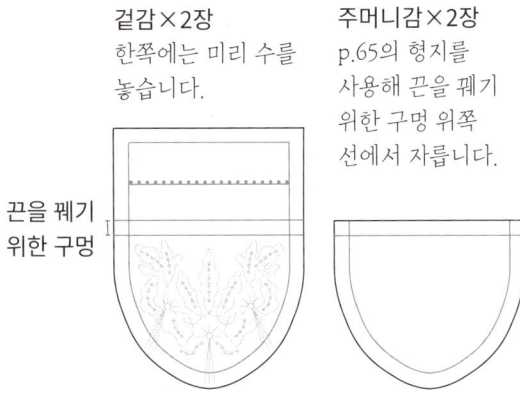

겉감×2장
한쪽에는 미리 수를
놓습니다.

주머니감×2장
p.65의 형지를
사용해 끈을 꿰기
위한 구멍 위쪽
선에서 자릅니다.

끈을 꿰기
위한 구멍

2. 겉감과 주머니감을 겉끼리 맞대어 시접 1cm
를 남기고 꿰맵니다. 자수를 놓지 않은 겉감에는
창구멍을 남깁니다.

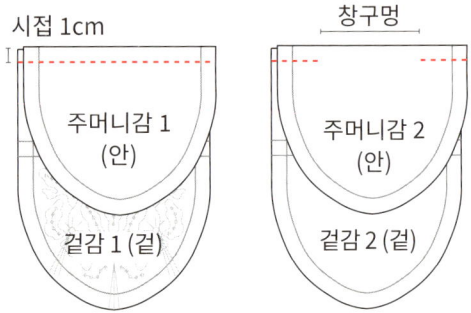

시접 1cm

창구멍

주머니감 1
(안)

겉감 1 (겉)

주머니감 2
(안)

겉감 2 (겉)

3. 시접을 바깥으로 눕히고,
시접을 0.6~0.7cm로
자릅니다.

주머니감 1
(겉)

0.6~0.7cm
로 자른다

겉감 1 (겉)

4. 3을 겉끼리 맞대어 끈을 꿰기 위한
구멍을 남기고 한 바퀴 꿰맵니다.
시접 0.6~0.7cm 남기고 자릅니다.

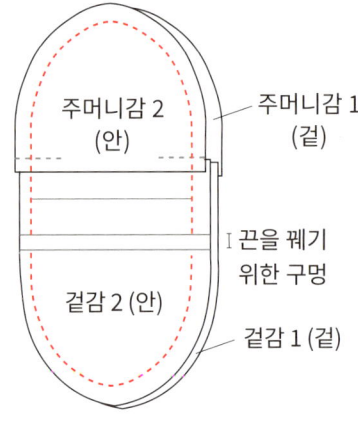

주머니감 2
(안)

주머니감 1
(겉)

끈을 꿰기
위한 구멍

겉감 2 (안)

겉감 1 (겉)

5. 창구멍을 통해 겉으로 뒤집어 모양
을 잡고 감침질로 창구멍을 막습
니다. 끈을 꿰기 위한 구멍을 홈질
합니다. 이때 바늘땀 크기는 겉 0.1
cm, 안 0.3cm 정도가 좋습니다.

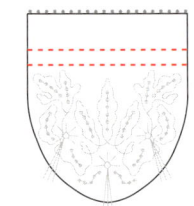

6. 45cm 길이로 자른 폭 3mm의 리본 두 개를 서로 엇갈리게 끈을 꿰기 위한
구멍을 통과시켜 끼워 넣습니다. 리본 끝은 외벌매듭으로 처리하고 절단면
은 올 풀림 방지액을 바릅니다.

BOUQUET P.12

난이도

재료

스팽글/ 4mm 평면/페일 화이트 …약 75개(P)
육각 비즈/ No. 21F(무광 실버) …10개(T)
라인스톤/ 5mm / 체코 크리스탈 …1개(P)
진주/ 2mm /화이트 …5개(P)
금속 부자재 /실버/…5개(P)
브로치 판대 / 20mm…1개(K)
리본/ NO.1500 / 11mm /화이트 No.2(MK)
필라가(Fil a gant) / #100(화이트)(P)
오건디(화이트)

패브릭용 양면 접착 스티커
합성피혁(화이트)

도구

크로셰 80호
비즈 바늘 12호
자수틀
목공용 접착제

만드는 법

1. 오건디에 도안을 베껴 수틀에 끼웁니다.

   [자수 도안 + 자수 바느질 법]을 참조하여 자수를 진행합니다.

2. 액세서리 만들기의 기본(p.51)을 참조하여 만들기를 진행합니다.

자수 도안 + 자수 바느질법 [실물 크기]

※지정한 경우를 제외하고 작품 앞면이 위로 향하게 수틀에 끼웁니다.
※지정한 경우를 제외하고 바늘은 비즈 바늘을 사용합니다.

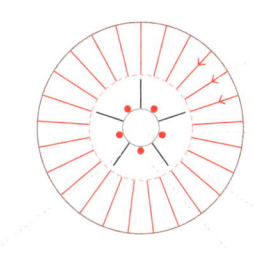

1-A. 작품 앞면이 아래로 향하게 수틀에 끼운 후 크로셰를 사용해
스팽글을 도안 중심을 향해 수놓아 나갑니다(p.46).

1-B. 13.5cm 길이의 리본을 약 3.5cm로 줄여 주름을 잡고
라인스톤 부착 위치 둘레에 꿰매 붙입니다(p.50).
리본 끝은 0.5cm 정도 겹쳐 꿰맵니다.

1-C. 라인스톤을 꿰매 붙입니다.

1-D. 그림 1과 같이 다섯 군데에 금속 장식 부자재와 진주를 꿰매
붙입니다.

1-E. 라인스톤 옆으로 바늘을 빼내 안에서 밖으로
육각 비즈(小) 두 개를 한꺼번에 수놓습니다.

그림 1

금속 부자재   진주

형지 [실물 크기]

합성피혁

칼집내기

사진 1

BOUQUET P.12

난이도

재료

스팽글 / 4mm 평면 / 페일 화이트 ···약 110개 (P)
육각 비즈 / No. 21F (무광 실버) ···약 140개 (T)
라인스톤 / 5mm / 체코 크리스탈 ···2개 (P)
라인스톤 / 4mm / 체코 크리스탈 ···2개 (P)
대추 모양 진주 / 3×6mm / 화이트 ···3개 (P)
진주 / 1.5mm / 화이트 ···18개 (P)
금속 부자재 / 실버 ···3개 (P)
조화 핀 / 니켈 / 25mm ···1개 (K)
리본 / NO.1500 / 11mm / 화이트 No.2 (MK)

필라가(Fil a gant) / #100 (화이트) (P)
극세 은사 (P)
오건디 (화이트)
패브릭용 양면 접착 스티커
합성피혁 (화이트)

도구

크로셰 80호
비즈 바늘 13호, 리본자수 바늘 16호
자수틀
목공용 접착제

만드는 법

1. 오건디에 도안을 베껴 수틀에 끼웁니다.
   [자수 바느질법 1]을 참조하여 크로셰로 자수를 진행합니다.
2. [자수 바느질법 2]를 참조하여 비즈 바늘과 리본자수 바늘로 자수를 진행합니다.
3. 액세서리 만들기의 기본(p.51)을 참조하여 만들기를 진행합니다.
   ※ 예각의 뾰족한 부분을 마무리할 때 뒷면으로 접은 원단이 삐져나왔다면 여분을 자릅니다.
      이때 접은 부분의 바깥쪽 테두리를 자르지 않도록 주의합니다.
      조금씩 접어 넣으면서 조심스럽게 작업을 진행합니다.

자수 도안 [실물 크기]

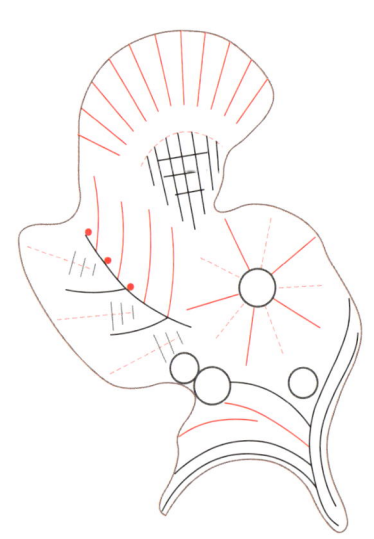

형지 [실물 크기]
합성피혁

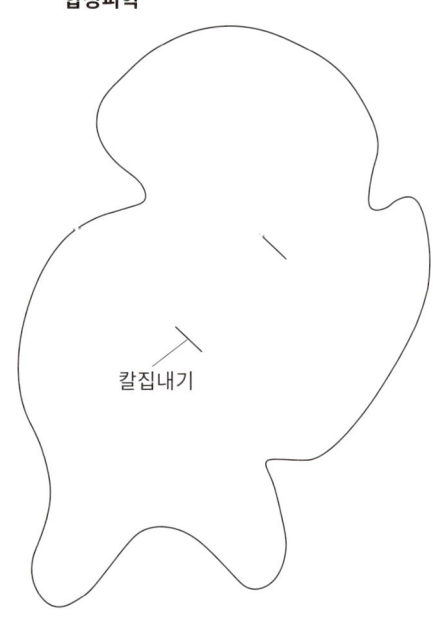

칼집내기

자수 바느질법 1 [크로셰 사용]

※지정한 경우를 제외하고 실은 필라가(화이트)를 사용합니다.
※실 끝은 작품 뒷면에서 감아 매어 처리합니다.

1-A. 작품 앞면이 위로 향하게 수틀에 끼운 후 극세 은사로 한 땀 길이 2mm 정도의 체인 스티치를 하여 윤곽을 수놓습니다.

1-D. 작품 앞면이 아래로 향하게 수틀에 끼운 후 스팽글을 수놓습니다(p.46).

1-B.

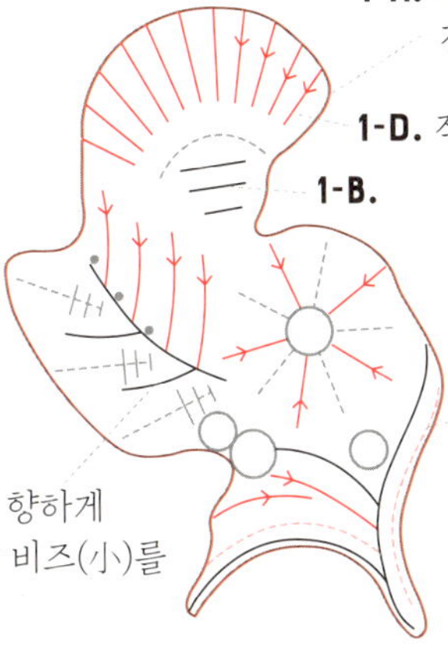

1-C. 작품 앞면이 아래로 향하게 수틀에 끼운 후 육각 비즈(小)를 규칙성 없이 무작위로 수놓습니다.
(p.42 VARIANTE (위)의 예시와 같이)

1-B. 작품 앞면이 아래로 향하게 수틀에 끼운 후 육각 비즈(小)를 수놓습니다.

자수 바느질법 2 [비즈 바늘 또는 리본자수 바늘 사용]

※모두 필라가(화이트)를 사용합니다.
※모두 작품 앞면이 위로 향하게 수틀에 끼웁니다.

2-B. 리본에 주름을 잡아 꿰매 붙입니다(p.50).

2-D. 그림 1과 같이 세 곳에 금속 장식 부자재와 진주를 꿰매 붙입니다.

2-F. 먼저 수놓은 비즈를 덮는 형태로 육각 비즈(小)를 1열씩 수놓습니다. 자연스럽게 입체적으로 중심이 부푼 모양이 됩니다(사진 1).

2-A.

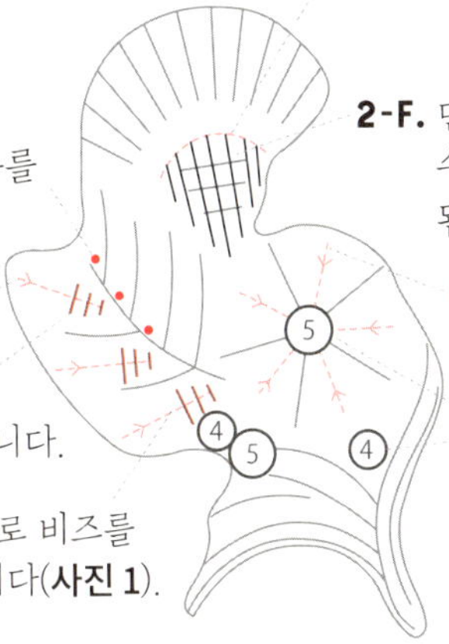

2-A. 밖에서 안으로, 리본을 몽글몽글하게 꿰매 붙입니다(p.50).

2-E. 그림 2와 같이 리본을 감싸듯이 진주를 꿰매 붙입니다.

2-C. 라인스톤을 고정합니다.

2-G. 리본 위에 얹는 형태로 비즈를 두 개씩 함께 꿰매 붙입니다(사진 1).

⑤ = 라인스톤 5mm
④ = 라인스톤 4mm

그림 1

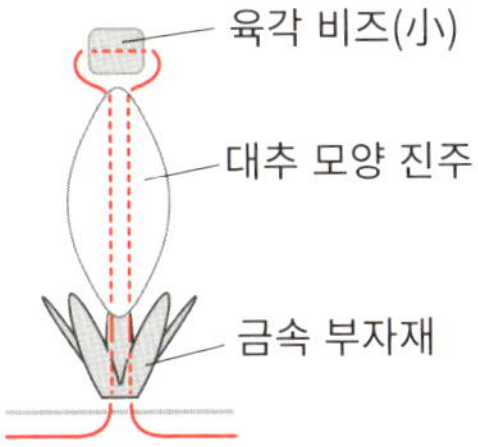

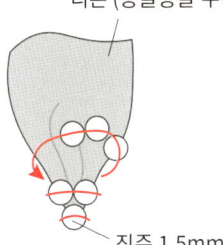

육각 비즈(小)
대추 모양 진주
금속 부자재

그림 2

리본 (몽글몽글 수놓기)

진주 1.5mm

1.5mm 진주를 뿌리 쪽에서부터 1개, 2개, 3개 차례로 꿰매 붙입니다. 리본 위로는 바늘을 넣었다 뺐다 하지 말고, 리본을 덮는 형태로 수놓습니다.

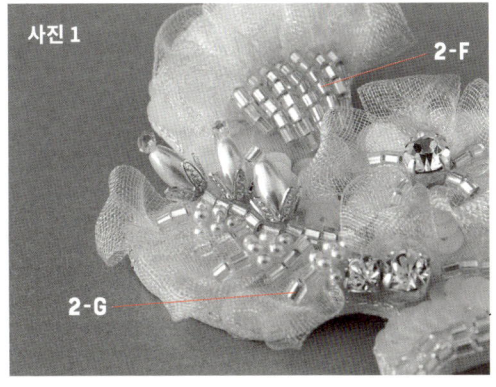

사진 1
2-F
2-G

BOUTONS BIJOUX   P.14

재료 (C)

스팽글 / 5mm 평면 / 메탈릭 미드나잇블루 …16개 (P)
스팽글 / 4mm 육각 / 메탈릭 스페이스 그레이 …32개 (P)
환소 비즈 / No.29 (그레이) …약 100개 (T)
키와제작소 크리스탈 / #5000 4mm / 제트 헤마타이트 …1개 (K)
싸개단추 부자재 / 22mm …1세트 (O)
필라가(Fil a gant) / #180 (블랙)(P)
필라가(Fil a gant) / #650 (블루마린)(P)
오건디 (블랙)

도구 (A~D 공통)

크로셰 80호
비즈 바늘 12호
자수틀
금속용 접착제
목공용 접착제, 종이컵, 펜

만드는 법 (A~D 공통)

1. 오건디에 도안을 베껴 수틀에 끼웁니다. **[자수 도안+ 자수 바느질법]**을 참조하여 자수를 진행합니다.

2. 수틀에 끼운 상태에서 재단선을 따라 소량의 물로 희석한 목공용 접착제를 발라 말립니다.

3. 재단선을 따라 원단을 자른 후 홈질선에 맞춰 바느질하고 단추를 감싼 후 꽉 조여줍니다.
그 후 주름을 수습하면서 두 바퀴 정도 단단히 꿰매 붙입니다.

4. 뒷면에 금속용 접착제를 바른 단추 뒤쪽 뚜껑을 붙인 후 말립니다.

자수 도안 + 자수 바느질법 [실물 크기]   난이도

※ 지정한 경우를 제외하고 실은 필라가(블랙)를 사용합니다.
※ 지정한 경우를 제외하고 바늘은 크로셰를 사용합니다.

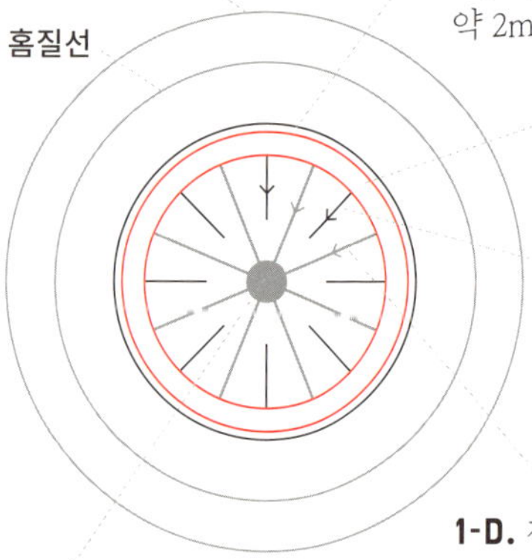

재단선
홈질선

1-A. 작품 앞면이 위로 오게 수틀에 끼운 후 한 땀 크기
약 2mm 정도로 체인 스티치를 합니다.

1-B. 작품 앞면이 아래로 향하게 수틀에 끼운 후
환소 비즈 두 개를 수놓습니다.

1-C. 작품 앞면이 아래로 가게 수틀에 끼운 후
필라가(블루마린)를 사용해 평면 스팽글을
밖에서 안으로 수놓습니다. **그림 1 참조.**

1-D. 작품 앞면이 아래로 향하게 수틀에 끼운 후
육각 스팽글을 밖에서 안으로 수놓습니다.
그림 1 참조.

1-E. 작품 앞면이 위로 향하게 수틀에
끼운 후 비즈 바늘로 크리스탈을
꿰매 붙입니다.

그림 1

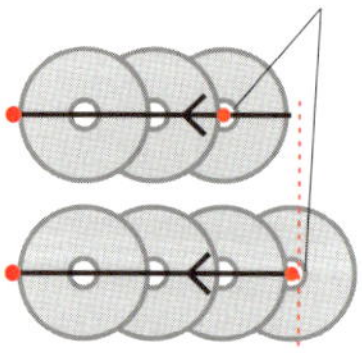

시작 스티치

이 책의 다른 도안
(p.43)

이번 작품

도안선 가장자리

도안선에서 스팽글 반지름만큼 안쪽으로 들어간 위치에서 수놓는 것이
아닌, 도안선 가장자리에서부터 시작합니다. 이처럼 스팽글 가장자리가
도안선 바깥쪽으로 튀어나오게 하면 윤곽은 꽃 모양이 됩니다.

재료 (A)

※ 도구와 만드는 법은 p.70 C 참조

스팽글 / 5mm 평면 / 메탈릭 미드나잇블루 … 약 50개 (P)
스팽글 / 4mm 육각 / 메탈릭 스페이스 그레이 … 약 40개 (P)
환소 비즈 / No.29 (그레이) …약 80개 (T)
쓰리컷 비즈 / No.49 (블랙) …약 130개 (T)
키와제작소 크리스탈 / #5000 4mm / 제트 헤마타이트 … 6개 (K)
키와제작소 크리스탈 / #5000 3mm / 제트 헤마타이트 … 약 35개 (K)

코튼펄 진주 / 6mm / 블랙 … 1개 (K)
싸개단추 부자재 / 27mm … 1세트 (O)
필라가(Fil a gant) / #180 (블랙) (P)
필라가(Fil a gant) / #650 (블루마린) (P)
오건디 (블랙)

자수 도안 + 자수 바느질법 [실물 크기]

※ 지정한 경우를 제외하고 실은 필라가(블랙)를 사용합니다.
※ 1-A~D = 크로셰 : 작품 앞면이 아래로 향하게 수틀에 끼웁니다. / 1-E~H = 비즈 바늘 : 작품 앞면이 위로 향하게 수틀에 끼웁니다.

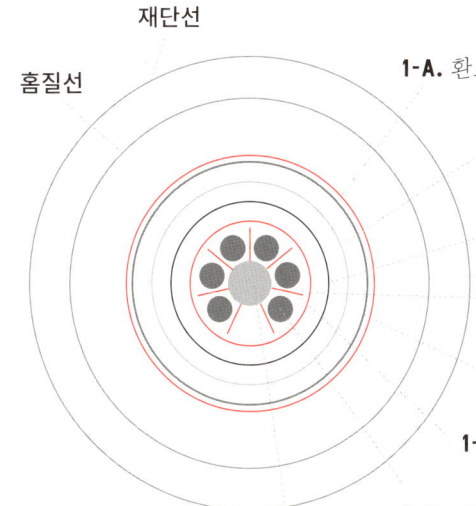

재단선

홈질선

1-A. 환소 비즈를 한 땀 걸러 수놓습니다.

1-B. 필라가(블루마린)로 평면 스팽글을 수놓습니다.

1-C. 육각 스팽글을 수놓습니다.

1-D. 환소 비즈를 수놓습니다.

1-H. 그림 3을 참조하여 크리스탈과 쓰리컷 비즈를 수놓습니다.

1-G. 환소 비즈를 세 개씩 한꺼번에 비즈 바늘에 끼워 방사형으로 꿰매 붙입니다.

1-F. 그림 2를 참조하여 크리스탈 6개를 꿰매 붙입니다.

1-E. 그림 1을 참조하여 프린지를 만들고 6mm 진주를 꿰매 붙입니다.

그림 1

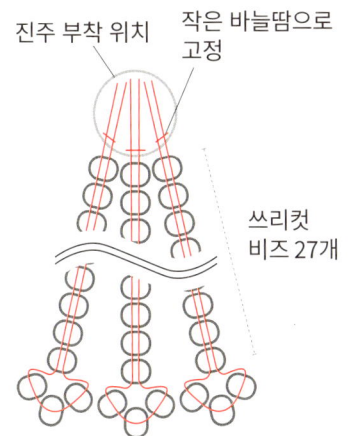

진주 부착 위치
작은 바늘땀으로 고정
쓰리컷 비즈 27개

진주 부착 위치 위쪽으로 비즈 바늘을 빼내 비즈 27개+3개를 끼운 후 되돌아갑니다.
　진주 부착위치를 남기고 길이를 조절하여 바늘 빼낸 위치 가까이 바늘을 넣습니다.
　진주 부착 위치 아래 쪽에서 작은 바늘땀으로 스티치하여 실을 고정합니다. 이렇게 총 3개 만들고 마지막에 진주를 고정합니다. 실을 너무 세게 잡아 당기면 팽팽해져 프린지가 찰랑찰랑 흔들거리지 않게 되므로 주의합니다.

그림 2

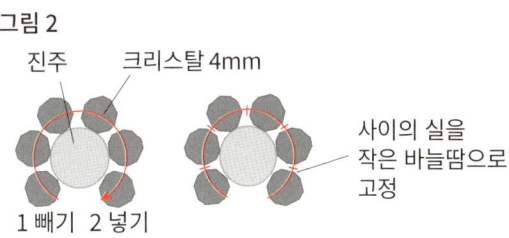

진주
크리스탈 4mm
사이의 실을 작은 바늘땀으로 고정

1 빼기　2 넣기

그림 3

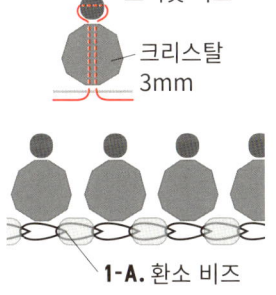

쓰리컷 비즈
크리스탈 3mm

크리스탈을 비즈로 고정합니다. 매 바늘땀 사이에 작은 스티치를 끼워 넣으면서 **A**의 비즈와 비즈 사이에 크리스탈이 위치 하도록 자수를 한 바퀴 진행합니다.

1-A. 환소 비즈

재료 (B)

※ 도구와 만드는 법은 p.70 C 참조
환소 비즈 / No.29 (그레이) …약 300개 (T)
육각 비즈 / No.81 (헤마타이트) …약 30개 (T)
싸개단추 부자재 / 27mm…1세트 (O)
필라가 (Fil a gant) / 180번 (블랙) (P)
오건디 (블랙)

난이도

자수 도안 + 자수 바느질법 [실물 크기]

※ 모두 크로셰를 사용하며 작품 앞면이 아래로 향하게 수틀에 끼웁니다.

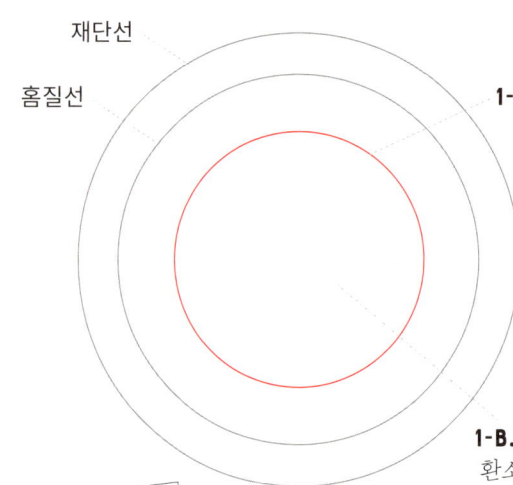

재단선
홈질선

1-A. 육각 비즈(小)를 한 땀 걸러 수놓습니다.

1-B. 베르미셀 기법을 이용하여 환소 비즈로 면을 채웁니다(p.47)

재료 (D)

※ 도구와 만드는 법은 p.70 C 참조
스팽글 / 5mm 평면 / 메탈릭 미드나잇블루 …약 50개 (P)
환소 비즈 / No.29 (그레이) …약 60개 (T)
쓰리컷 비즈 / No.CR49 (블랙) …약 120개 (T)
키와제작소 크리스탈 / #5000 4mm / 제트 헤마타이트 …1개 (K)
싸개단추 부자재 / 22mm …1세트 (O)
필라가 (Fil a gant) / 180번 (블랙) (P)
필라가 (Fil a gant) / 650번 (블루마린) (P)
오건디 (블랙)

난이도

그림 1

비즈 5개를 한꺼번에 바늘에 꿰어 박음질 하듯 수놓습니다.

쓰리컷 비즈

자수 도안 + 자수 바느질법 [실물 크기]

※ 지정한 경우를 제외하고 실은 필라가(블랙)를 사용합니다.
※ 지정한 경우를 제외하고 바늘은 크로셰를 사용합니다.

재단선
홈질선

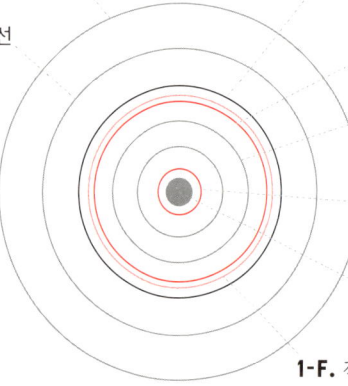

1-A. 작품 앞면이 위로 향하게 수틀에 끼운 후 한 땀의 길이 약 2mm 정도로 체인 스티치를 합니다.

1-B. 작품 앞면이 아래로 향하게 수틀에 끼운 후 환소 비즈를 수놓습니다.

1-C. 작품 앞면이 아래로 향하게 수틀에 끼운 후 필라가(블루마린)로 스팽글을 두 바퀴 수놓습니다.

1-D. 작품 앞면이 아래로 향하게 수틀에 끼운 후 환소 비즈를 수놓습니다.

1-E. 작품 앞면이 위로 향하게 수틀에 끼운 후 비즈 바늘로 크리스탈을 꿰매 붙입니다.

1-F. 작품 앞면이 위로 향하게 수틀에 끼운 후 **그림 1**과 같이 비즈 바늘로 쓰리컷 비즈를 수놓습니다.

OSTEICHTHYENS P.28

난이도

재료

스팽글/ 5mm 평면/ 청연석(녹색) …약 360개(P)

막대 비즈/트위스트/ No.81 건메탈(암회색) …34개(T)

11/0 육각 비즈/피코크 블루 …14개(P)

큰 구멍 코튼펄 진주/ 12mm/ 화이트 …2개(K)

귀걸이 금속부자재/ 신주 U자 갈고리형(大) /로듐 컬러 …1세트(K)

아티스틱 와이어/ #24 / 논타니쉬 실버 …100cm(N)

아티스틱 와이어/ #34 / 논타니쉬 실버 …60cm(N)

극세 은사(P)

필라가(Fil a gant) / #879 (피코크 그린)(P)

오건디 (화이트)

합성피혁 (화이트)

도구

크로셰 80호

비즈 바늘 12호

자수틀

목공용 접착제, 평집게, 둥근 집게, 니퍼

만드는 법

1. 오건디에 도안을 베껴 수틀에 끼웁니다. [자수 도안 + 자수 바느질법]을 참조하여 자수를 진행합니다.

2. 액세서리 만들기의 기본(p.51)을 참조하여 만들기를 진행합니다. 부자재는 끼워 넣지 않습니다.

3. 그림 1을 참조하여 와이어 장식을 만듭니다.

4. 그림 2를 참조하여 와이어 장식의 와이어를 3에서 남겨뒀던 자수 모티브 와이어의 뿌리 쪽에 몇 차례 감은 후 자릅니다.

5. 그림 3을 참조하여 자수 모티브의 와이어를 진주 구멍에 통과시킨 후 연결 고리를 만들어 귀걸이 금속 부자재에 끼웁니다.

6. 와이어를 구부려 작품의 표정을 살립니다.

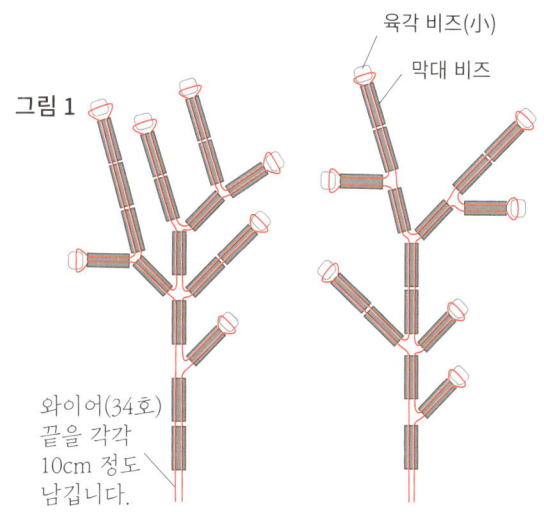

육각 비즈(小)

막대 비즈

그림 1

와이어(34호) 끝을 각각 10cm 정도 남깁니다.

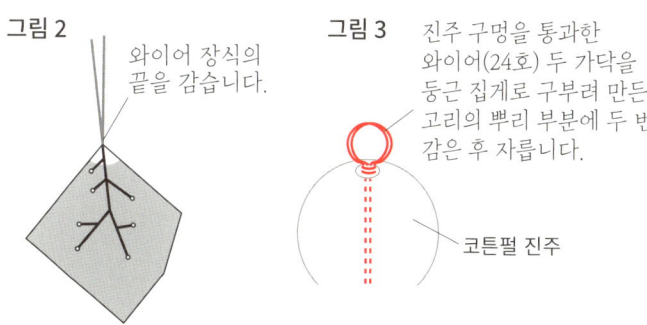

그림 2

와이어 장식의 끝을 감습니다.

그림 3

진주 구멍을 통과한 와이어(24호) 두 가닥을 둥근 집게로 구부려 만든 고리의 뿌리 부분에 두 번 감은 후 자릅니다.

코튼펄 진주

자수 도안 + 자수 바느질법 [실물 크기]

2장

와이어 중심

1-A

1-B

1-C

작품 마무리 작업을 할 때 사용하므로 자르지 않고 남겨 둡니다.

※ 지정한 경우를 제외하고 실은 필라가(피코크 그린)를 사용합니다.

※ 지정한 경우를 제외하고 바늘은 크로셰를 사용하며 작품 앞면이 아래로 향하게 수틀에 끼웁니다.

1-A.

35cm 길이로 자른 와이어(24호)를 도안에 맞춰 구부린 후 극세 은사를 사용해 푸엥 리슈로 처리합니다 (p.47).

와이어의 나머지 부분은 작품 마무리 할 때 사용하므로 남깁니다.

1-B.

스팽글을 나란히 수놓습니다 (p.46).

1-C.

푸엥 리슈 안쪽에 스팽글을 수놓습니다.

SANS FIN   P.16

난이도

재료 (1세트)

스팽글 / 3mm 육각 / 메탈릭 미드나잇블루 ···약 100개 (P)
13/0 샬롯 비즈 / 메탈릭 실버 ···약 100개 (P)
13/0 샬롯 비즈 / 오로라 그레이 ···약 40개 (P)
실에 꿰어진 진주 / 1.5mm / 라이트 그레이 ···약 60개 (P)
라인스톤 / 4mm / 크리스탈 ···2개 (P)
귀걸이 금속부자재 / 귀걸이 포스트 (원판형) 6mm ···1세트
필라가(Fil a gant) / #100 (화이트) (P)
필라가(Fil a gant) / #120 (라이트 그레이) (P)
필라가(Fil a gant) / #650 (블루마린) (P)

오건디 (화이트)
패브릭용 양면 접착 스티커
합성피혁 (블랙)

도구

크로셰 80호
비즈 바늘 12호
자수틀
목공용 접착제, 수예용 송곳

※ 실에 꿰어진 진주의 실이 두 가닥으로 되어 있으므로 필라가
   실로 옮길 때 한 가닥만 매듭을 만들고 다른 한 가닥은 매듭에
   걸리지 않도록 자릅니다.

만드는 법

1. 오건디에 도안을 베껴 수틀에 끼웁니다. **[자수 도안 + 자수 바느질법]**을 참조하여 자수를 진행합니다.
2. 액세서리 만들기의 기본(p.51)을 참조하여 만들기를 진행합니다.

자수 도안 + 자수 바느질법 [실물 크기]

※ 지정한 경우를 제외하고 실은 필라가(라이트 그레이)를 사용합니다.
※ 지정한 경우를 제외하고 바늘은 크로셰를 사용합니다.
※ 지정한 경우를 제외하고 작품 앞면이 아래로 향하게 수틀에 끼웁니다.

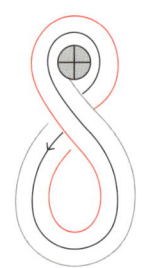
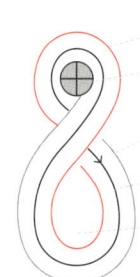

1-B. 샬롯 비즈(메탈릭 실버)를 수놓습니다.
1-E. 작품 앞면이 위로 향하게 수틀에 끼운 후 필라가(화이트)와
        비즈 바늘을 사용하여 라인스톤을 꿰매 붙입니다.
1-A. 진주를 수놓습니다.
1-C. 필라가(블루마린)로 스팽글을 수놓습니다.
1-D. 베르미셀 기법을 이용해 샬롯 비즈(오로라 그레이)로 면을 채웁니다(p.47).

도안을 베낄 때 도안과 도안의 간격이 가까우면 바느질에 사용할 여백이
없게 되므로 위 그림에서처럼 어느 정도 간격을 두도록 주의합니다.

형지 [실물 크기] × 2장
합성피혁

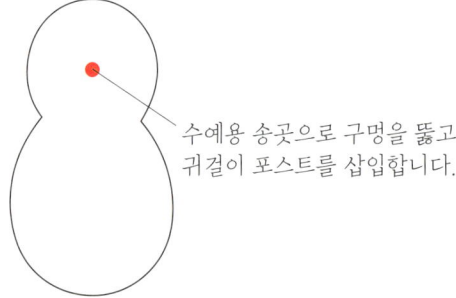

수예용 송곳으로 구멍을 뚫고
귀걸이 포스트를 삽입합니다.

SANS FIN P.16

난이도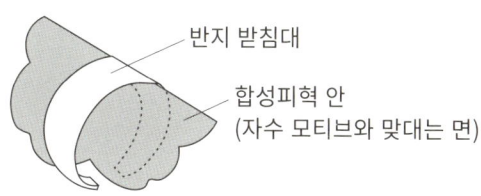

재료

스팽글 / 3mm 육각 / 메탈릭 미드나잇블루 ⋯약 70개 (P)
13/0 샬롯 비즈 / 메탈릭 실버 ⋯약 200개 (P)
13/0 샬롯 비즈 / 오로라 그레이 ⋯약 250개 (P)
실에 꿰어진 진주 / 1.5mm / 네이비 ⋯약 80개 (P)
반지 받침대 / 평평하고 폭이 넓은 형태 8mm⋯1개 (K)
필라가(Fil a gant) / #120(라이트 그레이) (P)
필라가(Fil a gant) / #650(블루마린) (P)
오건디 (화이트)

패브릭용 양면 접착 스티커
합성피혁 (블랙)

도구

크로셰 80호
자수틀
목공용 접착제, 금속용 접착제

※ 실에 꿰어진 진주의 실이 두 가닥 으로 되어 있으므로 필라가
   실로 옮길 때는 한 가닥만을 매듭 만들고 다른 한 가닥은
   매듭에 걸리지 않도록 자릅니다.

만드는 법

1. 오건디에 도안을 베껴 수틀에 끼웁니다.
   [자수 도안 + 자수 바느질법]을 참조하여 자수를 진행합니다.

2. 액세서리 만들기의 기본(p.51)을 참조하여 만듭니다. 그림 1을
   참조하여 합성피혁과 반지 받침대를 미리 금속용 접착제로 붙여
   두었다가 자수 모티브와 맞춰 붙입니다. 금속이 아닌 부분은
   목공용 접착제를 사용합니다. 클리어 파일 등으로 감아서 패브릭용
   고정 클립으로 누르면 자국이 남지 않고 잘 붙습니다.

그림 1

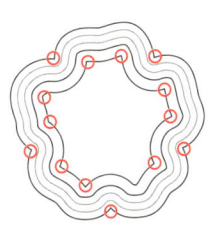

반지 받침대

합성피혁 안
(자수 모티브와 맞대는 면)

반지 받침대를 사이에 끼우는 형태로 자수 모티브와
합성피혁을 맞붙입니다.

자수 도안 + 자수 바느질법 [실물 크기]

※ 지정한 경우를 제외하고 실은 필라가(라이트 그레이)를 사용합니다.
※ 모두 크로셰를 사용하며 작품 앞면이 아래로 향하게 수틀에 끼웁니다.

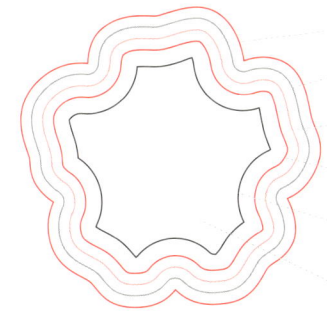

1-A. 샬롯 비즈(메탈릭 실버)를 수놓습니다.

1-B. 필라가(블루마린)로 진주를 수놓습니다.

1-C. 샬롯 비즈(오로라 그레이)를 수놓습니다.

1-D. 샬롯 비즈(메탈릭 실버)를 수놓습니다.

1-E. 필라가(블루마린)로 스팽글을 수놓습니다.

1-F. 베르미셀 기법을 이용하여 샬롯 비즈
   (오로라 그레이)로 면을 채웁니다(p.47).

형지 [실물 크기]

합성피혁

합성피혁의 형지는 자수 모티브와 치수가
같습니다.
 합성피혁을 반지 받침대에 붙이기 전 먼저
자수 모티브와 반지 받침대에 끼워 맞춰 잘
맞는지 확인합니다.
 어긋난 부분은 미리 자르고 접착제를 바를
때 액이 흘러나와 작품에 묻는 일이 없도록
얇게 펴 바릅니다.

○ 표시 부분은 p.44 ②와 p.77 **그림 1**을
   참조하여 각이 잘 살도록 깔끔하게
   수놓습니다.

TARTAN　　　　P.17

난이도

재료

스팽글 / 5mm 평면 / 메탈릭 미드나잇블루 …16개 (P)
스팽글 / 4mm 육각 / 메탈릭 오로라 라피스 블루 …약 50개 (P)
환소 비즈 / No.113 (러스터 그레이) …약 110개 (T)
육각 비즈 / No.21 (실버) …약 40개 (T)
극소 쓰리컷 비즈 / No.CRS49 (블랙) …약 230개 (T)
13/0 샬롯 비즈 / 가넷 …약 350개 (P)
키와제작소 크리스탈 / #5000 3mm / 제트 헤마타이트 …4개 (K)
조화 핀 / 니켈 / 30mm …1개 (K)

필라가 (Fil a gant) / #100 (화이트) (P)
필라가 (Fil a gant) / #120 (라이트 그레이) (P)
필라가 (Fil a gant) / #180 (블랙) (P)
필라가 (Fil a gant) / #525 (루즈) (P)
필라가 (Fil a gant) / #650 (블루마린) (P)
극세 은사 (P)
오건디 (블랙)
패브릭용 양면 접착 스티커
합성피혁 (블랙)

도구

크로셰 80호
비즈 바늘 12호
자수틀
목공용 접착제

만드는 법

1. 오건디에 도안을 베껴 수틀에 끼웁니다. [자수 바느질법 1]을
   참조하여 크로셰로 수를 놓습니다.
2. [자수 바느질법 2]를 참조하여 비즈 바늘로 수를놓습니다.
3. 액세서리 만들기의 기본(p.51)을 참조하여 만들기를 진행합니다.

자수 도안 [실물 크기]

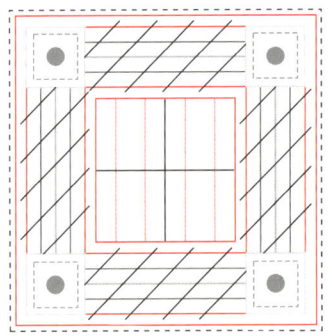

형지 [실물 크기]
합성피혁

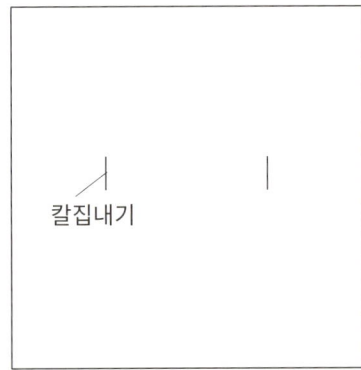

칼집내기

자수 바느질법 1 [크로셰 사용]

※ 지정한 경우를 제외하고 작품 앞면이 아래로 향하게 수틀에 끼웁니다.

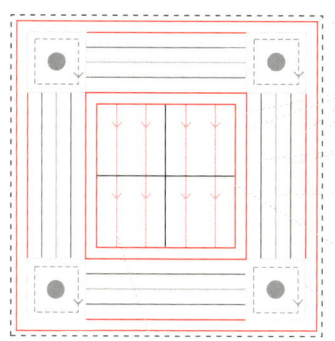

1-F. 필라가(블루마린)로
평면 스팽글을 수놓습니다.

1-A. 작품 앞면이 위로 향하게 수틀에 끼운 후 극세 은사로 한 땀의 길이 약 2mm 정도의 체인 스티치를 합니다.

1-B. 필라가(루즈)로 샬롯 비즈를 수놓습니다.

1-C. 필라가(라이트 그레이)로 환소 비즈를 총 8열 수놓습니다.

1-D. 필라가(화이트)로 육각 비즈(小)를 총 4열 수놓습니다.

1-E. 필라가(블랙)로 극소 쓰리컷 비즈를 수놓습니다.

1-G. 필라가(블루마린)로 육각 스팽글을 수놓습니다.

※ **A**, **B**, **G**에서 모서리각을 수놓을 때는 **그림 1**과 p.44 ②를 참조하여 각이 잘 살도록 깔끔하게 수놓습니다.

그림 1

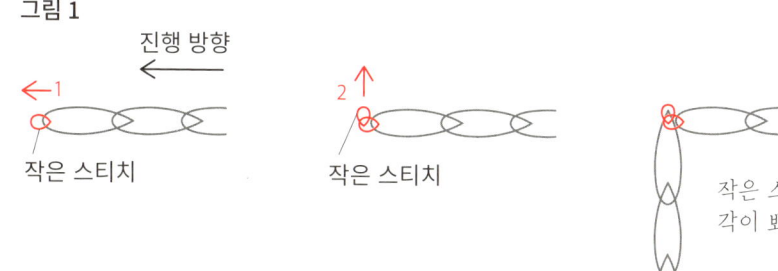

자수 바느질법 2 [비즈 바늘 사용]

※ 실은 모두 필라가(블랙)를 사용합니다.
※ 모두 작품 앞면이 위로 향하게 수틀에 끼웁니다.

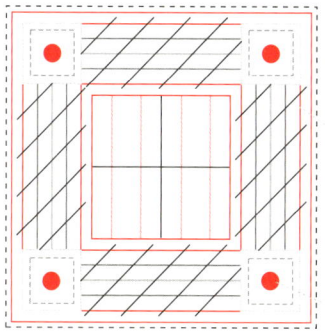

2-A. 쓰리컷 비즈를 도안선 길이에 맞춰 필요한 개수만큼 넣고 한 번의 바늘땀으로 수놓습니다. 한 땀 놓을 때마다 자수 모티브 아래쪽에서 작은 스티치를 한 후, 다음 도안선으로 진행합니다. 이때 수놓은 비즈가 늘어지지 않도록 주의합니다.

2-B. 크리스탈을 꿰매 붙입니다.

PANTHÈRE   P.18

난이도

재료

스팽글/ 4mm 평면/세라믹 블랙 …약 500개(P)
스팽글/ 4mm 평면/메탈릭 페일 골드 …약 260개(P)
스팽글/ 4mm 육각/오로라 라이트 브라운 …약 3,000개(P)
스팽글/ 4mm 육각/오로라 캐러멜 …약 540개(P)
11/0 사각홀 비즈/스파클링 골드 …약 350개(P)
13/0 샬롯 비즈/토파즈 브라운 …약 4,000개(P)
13/0 샬롯 비즈/시가 브라운 …약 1,500개(P)
실에 꿰어진 진주/ 2mm/무광 블랙 …약 200개(P)
필라가(Fil a gant) / #180(블랙)(P)
필라가(Fil a gant) / #217(마론 브라운)(P)
필라가(Fil a gant) / #290(카페오레)(P)
필라가(Fil a gant) / #308(에크루)(P)

오건디(화이트)
새틴 퀼트/ 910Q 18 라이트 베이지 (O)
폴리에스테르 100% 소재의 실젠느 트윌(Siljenne Twill) / 23베이지 (O)
금속 지퍼/ 3호 580(블랙) / 22cm …1개 (O)
바이어스 테이프 / 12.7mm 양쪽 접이형/새틴 609(짙은 핑크) (O)

도구

크로셰 80호
자수틀
바느질 실, 바느질 바늘, 재봉틀

※ 실에 꿰어진 진주의 실이 두 가닥으로 되어 있으므로 필라가 실로 옮길
   때 한 가닥만을 매듭지어 주고 다른 한 가닥은 매듭에 걸리지 않도록
   자릅니다.

자수 놓는 방법

1. 오건디에 도안과 형지를 베낀 후 수틀에 끼웁니다.
2. [자수 바느질법]을 참조하면서 자수를 진행합니다.

자수 바느질법

※모두 크로셰를 사용 : 작품 앞면이 아래로 향하게 수틀에 끼웁니다.

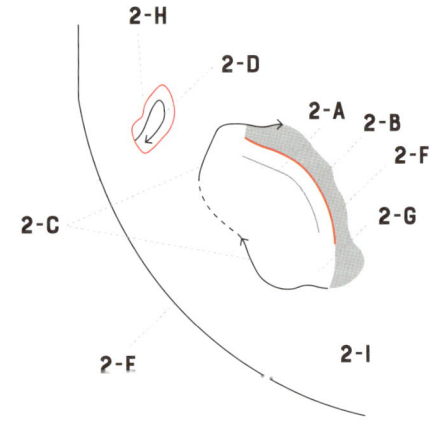

2-A. 필라가(블랙)로 진주를 수놓습니다.
2-B. 필라가(에크루)로 사각홀 비즈를 수놓습니다.
2-C. 필라가(블랙)로 스팽글(세라믹 블랙)을 수놓습니다.
2-D. 필라가(에크루)로 스팽글(메탈릭 페일 골드)을 수놓습니다.
2-E. 필라가(카페오레)로 완성선을 따라 샬롯 비즈(토파즈 브라운)를 수놓습니다.
2-F. 필라가(마론 브라운)와 샬롯 비즈(시가 브라운)를 사용해 베르미셸 기법으로
       면을 채웁니다(p.47).
2-G. 필라가(카페오레)와 샬롯 비즈(토파즈 브라운)를 사용해 베르미셸 기법으로
       면을 채웁니다.
2-H. 그림 1과 같이 필라가(카페오레)로 스팽글(오로라 캐러멜)을 수놓습니다.
2-I. 필라가(카페오레)를 사용해 비어 있는 부분에 베르미셸 기법으로 스팽글
       (오로라 라이트 브라운)을 채워줍니다.

그림 1

2-D. 도안선 위에 바늘을 넣고 자수를 진행합니다(메탈릭 페일 골드).

2-D.의 바깥 둘레를 기준으로 삼습니다.

2-H. D의 바깥쪽을 고리 형태로 수놓습니다(오로라 캐러멜).

2-I. 베르미셸(오로라 라이트 브라운)기법을 이용합니다.

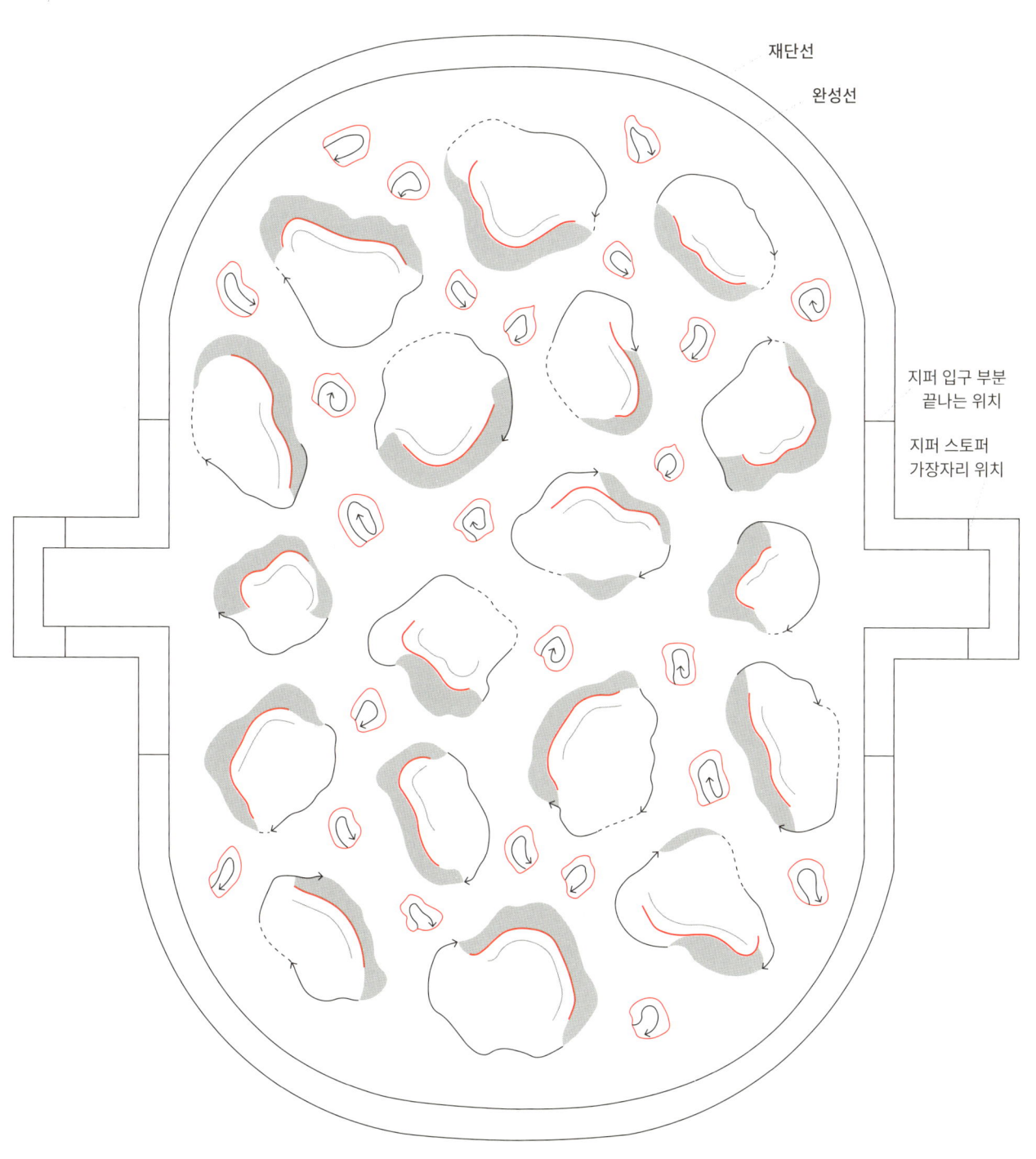

재단선

완성선

지퍼 입구 부분
끝나는 위치

지퍼 스토퍼
가장자리 위치

작품 만드는 방법

1. 다음을 모두 형지의 재단선
   대로 같은 치수로 자릅니다.

   오건디×1장
   별도 원단×1장: 실젠느 트윌
   　　　　　　　(Siljenne Twill / 능직 안감)
   주머니감×1장: 새틴 퀼트
   　　　　　　　(퀼트 면이 앞)

2. 오건디와 별도 원단을 맞대어
   바깥 둘레를 감침질하고 이를
   겉감이라고 부릅니다.

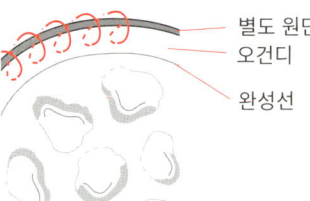

별도 원단
오건디
완성선

3. 겉감의 옆면 가장자리를
   완성선대로 접어 옆면
   천만을 꿰맵니다.

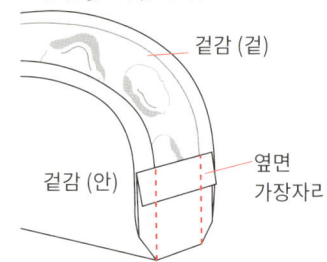

겉감 (겉)
겉감 (안)
옆면
가장자리

4. 주머니감과 지퍼를 겹쳐 꿰맵니다.
   윗실 색상은 지퍼 색상과 맞추고, 아랫실은 주머니감과
   색상을 맞춥니다. 시접을 주머니감 쪽으로 눕혀 0.5cm
   스티치하여 누르고 겉으로 뒤집습니다.

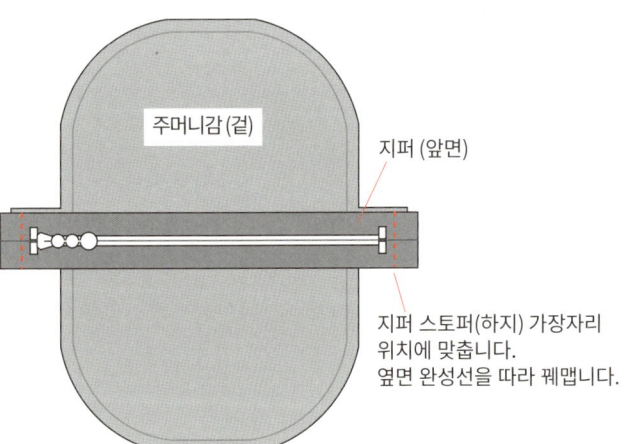

주머니감 (겉)
지퍼 (앞면)

지퍼 스토퍼(하지) 가장자리
위치에 맞춥니다.
옆면 완성선을 따라 꿰맵니다.

5. 지퍼 앞면과 주머니감의 안을 맞대고 시접
   0.6cm에서 꿰맵니다.

※지퍼는 살짝 열어 두세요.

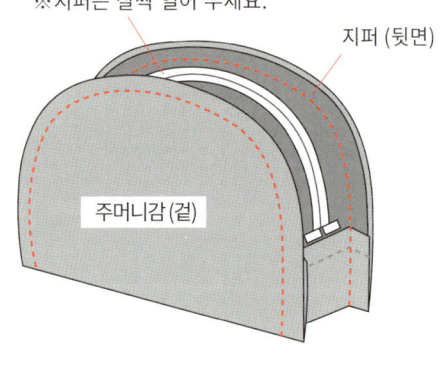

지퍼 (뒷면)
주머니감 (겉)

6. 시접을 바이어스 테이프로 파이핑합니다.
   바이어스 테이프를 주머니감 쪽으로 눕힌 후
   스티치하여 누릅니다.

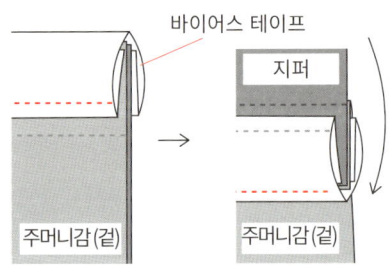

바이어스 테이프
지퍼
주머니감 (겉)
주머니감 (겉)

7. 주머니감 겉면이 안으로 가도록 뒤집습니다.
   3의 겉감 완성선을 따라 시접을 안쪽으로
   접고 주머니감을 넣습니다. 겉감 접은 부분의
   바깥쪽 테두리 선을 주머니감 테두리에 맞춰
   작은 땀으로 ㄷ자 형태로 꿰매어 막으면
   완성입니다.

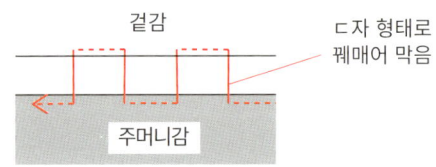

겉감
ㄷ자 형태로
꿰매어 막음
주머니감

STYLE ROCAILLE

P.20

난이도

재료

스팽글 / 4mm평면 / 세라믹 블랙 …약 500개 (P)
탑홀 스팽글 / 8mm / 블랙 …44개 (P)
13/0 샬롯 비즈 / 블랙 다이아몬드 …약 300개 (P)
육각 비즈 / No. 81 (헤마타이트) …약 450개 (T)
환소 비즈 / No. 113 (그레이 러스터) …약 1000개 (T)
6mm 막대 비즈 / No. 21F (무광 실버) …27개 (T)
키와제작소 크리스탈 / #5328 4mm /
　　　　　　　　　　CRY.실버나이트 …14개 (K)
키와제작소 크리스탈 / #5328 3mm /
　　　　　　　　　　CRY.실버나이트 …27개 (K)
키와제작소 크리스탈 / #5000 4mm /
　　　　　　　　　　제트 헤마타이트 …17개 (K)
키와제작소 크리스탈 / #5000 3mm /
　　　　　　　　　　제트 헤마타이트 …6개 (K)

글래스 컷 비즈 / 타워 8×4mm / 실버 …8개 (K)
글래스 컷 비즈 / 직사각형 5×3mm /
　　　　　　　　　　　　실버 …3개 (K)
O링 / 1.2×8mm / 블랙 …2개 (K)
C링 / 1.0×4.5×5.5mm / 블랙 …4개 (K)
체인 / LES112BF…12cm×2개 (K)
토글바 / No.5 11×17mm / 블랙 …1세트 (K)
필라가(Fil a gant) / #180 (블랙) (P)
오건디 (블랙)
패브릭용 양면 접착 스티커
합성피혁 (블랙)

도구

크로셰 80호
비즈 바늘 13호
자수틀
목공용 접착제,
평집게, 니퍼

만드는 법

1. 오건디에 도안을 베껴 수틀에 끼웁니다.
   [자수 도안 + 자수 바느질법]을 참조하면서 크로셰로
   자수를 진행합니다.
2. 그림 2, 그림 3을 참조하여 비즈 바늘로 장식 부자재를
   꿰매 붙입니다.
3. 액세서리 만들기의 기본(p.51)을 참조하여 자수
   모티브의 여백을 뒷면으로 접습니다. 합성피혁을 자수
   모티브와 같은 치수로 자르고, 가장자리에서 O링이
   살짝 머리를 내민 것 같은 모양으로 꿰매 붙여 자수
   모티브와 붙입니다.
4. 그림 4를 참조하여 C링으로 3과 체인과 토글바를
   연결합니다.

그림 3

그림 4

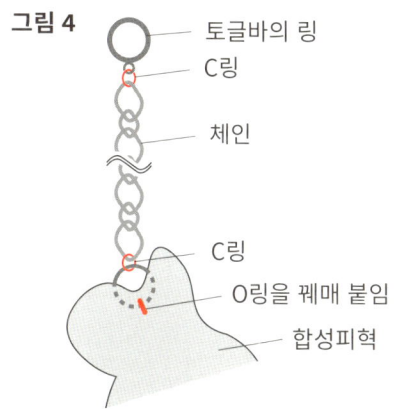

- 토글바의 링
- C링
- 체인
- C링
- O링을 꿰매 붙임
- 합성피혁

그림 2

자수 도안 +자수 바느질법 [실물 크기]

[크로셰 사용]

※**1-A~G** : 작품 앞면이 아래로 향하게 수틀에 끼웁니다. / **2** : 작품 앞면이 위로 향하게 수틀에 끼웁니다.

그림 1 
① 환소 비즈를 수놓습니다.
② 바깥 둘레를 체인 스티치로 두릅니다.
③ **푸엥 티르(p.45) 기법**으로 ①을 뒤덮듯이 수놓습니다. 가장자리는 매번 ②를 사이에 끼우듯 가로질러 진행합니다. 자연스럽게 입체감이 생깁니다.

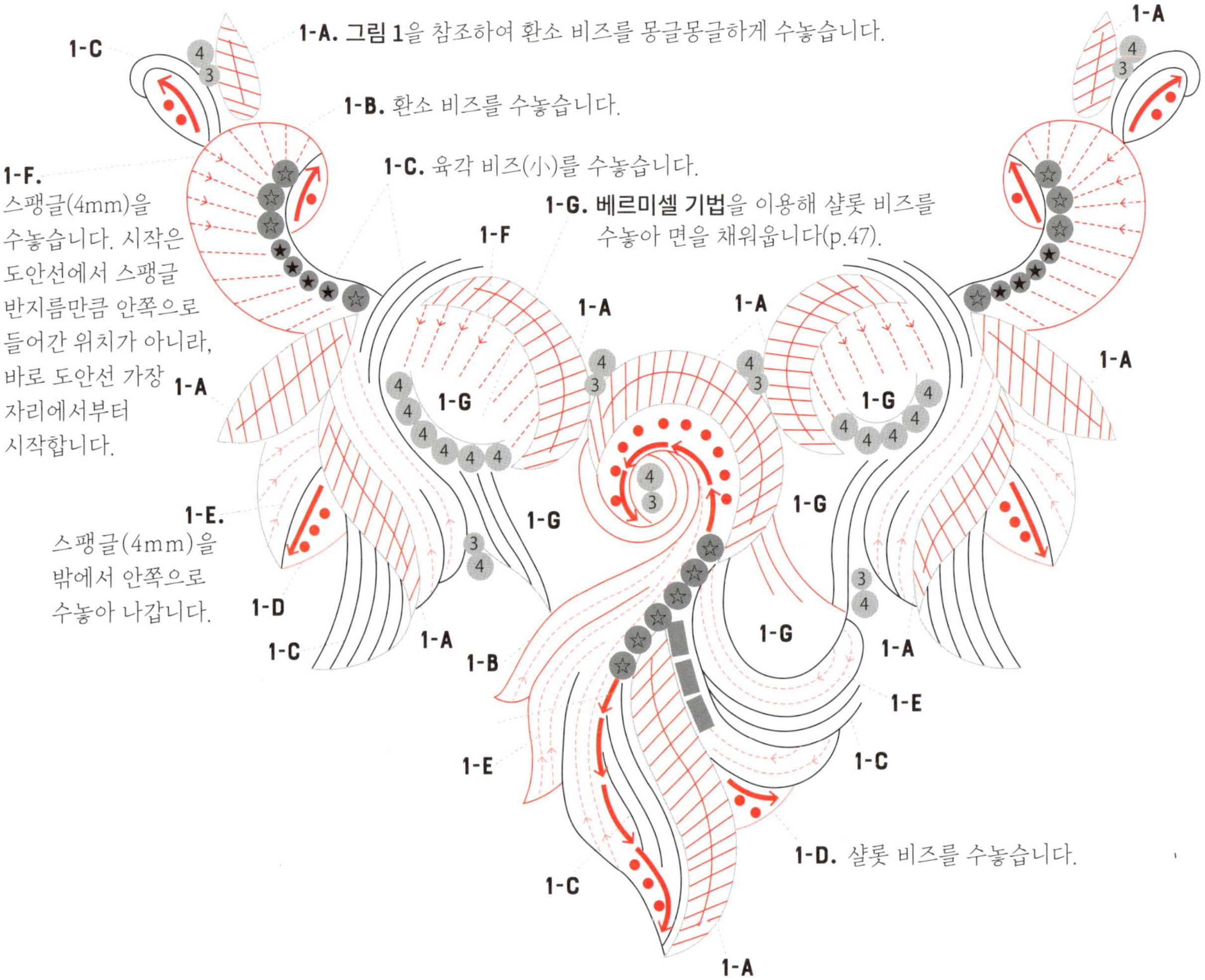

1-A. 그림 1을 참조하여 환소 비즈를 몽글몽글하게 수놓습니다.

1-B. 환소 비즈를 수놓습니다.

1-C. 육각 비즈(小)를 수놓습니다.

1-G. 베르미셀 기법을 이용해 샬롯 비즈를 수놓아 면을 채워줍니다(p.47).

1-F. 스팽글(4mm)을 수놓습니다. 시작은 도안선에서 스팽글 반지름만큼 안쪽으로 들어간 위치가 아니라, 바로 도안선 가장자리에서부터 시작합니다.

1-E. 스팽글(4mm)을 밖에서 안쪽으로 수놓아 나갑니다.

1-C 1-A 4 3 1-F 1-F 1-A 1-A 1-A 4 3 4 4 4 4 1-G 4 4 1-G 4 3 1-G 1-G 1-A 3 4 1-E 1-C 1-A 1-B 1-E 1-C 1-E 1-C 1-A

1-D. 샬롯 비즈를 수놓습니다.

그림 2

각 부자재는 매번 작은 스티치로 꿰매 붙입니다.

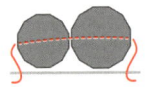

■ =글래스 컷 비즈(직사각형)

④ =크리스탈 #5000 4mm

③ =크리스탈 #5000 3mm

③④ 와 같이 붙어 있는 경우는 함께 한꺼번에 수놓습니다.

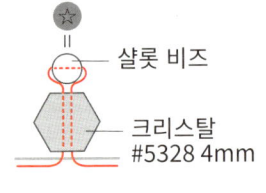

☆ ―샬롯 비즈
크리스탈 #5328 4mm

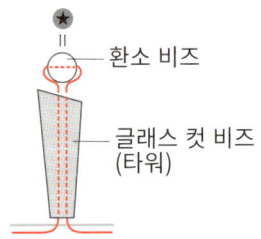

★ ―환소 비즈
글래스 컷 비즈 (타워)

그림 3

아래 그림의 부분을 수놓습니다.

4개 = 스팽글의 수량

① 탑홀 스팽글을 기재된 수만큼 구부립니다.
책상 테두리 같은 곳에 대고 밀어 붙이면 구부리기 쉽습니다.
너무 세게 구부렸다가 부러질 수 있으므로 주의합니다.
60° 정도가 기준입니다.

② 육각 비즈(小)와 탑홀 스팽글을 번갈아 바늘에 꿰어 한 번의 바늘 땀으로 수를 놓습니다.
스팽글의 방향은 도안선의 화살표를 참조 합니다.

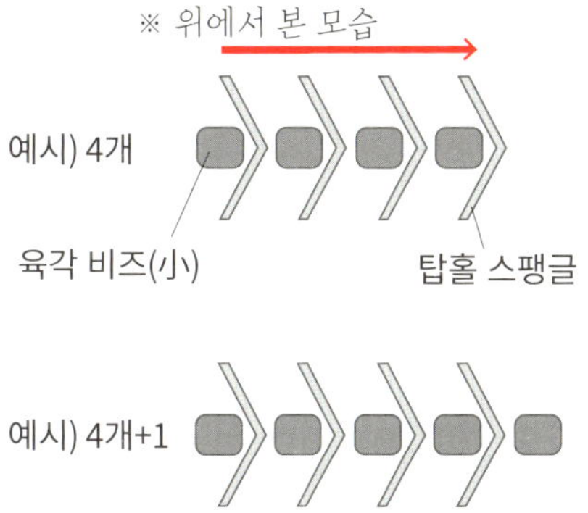

※ 위에서 본 모습

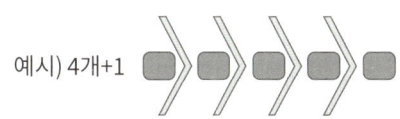

예시) 4개

육각 비즈(小)   탑홀 스팽글

예시) 4개+1

③ ● 위치에 아래 그림과 같이 부자재를 꿰매 붙입니다.

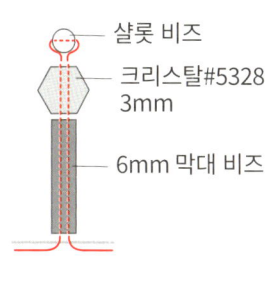

샬롯 비즈
크리스탈#5328 3mm
6mm 막대 비즈

스팽글 사이에 끼움

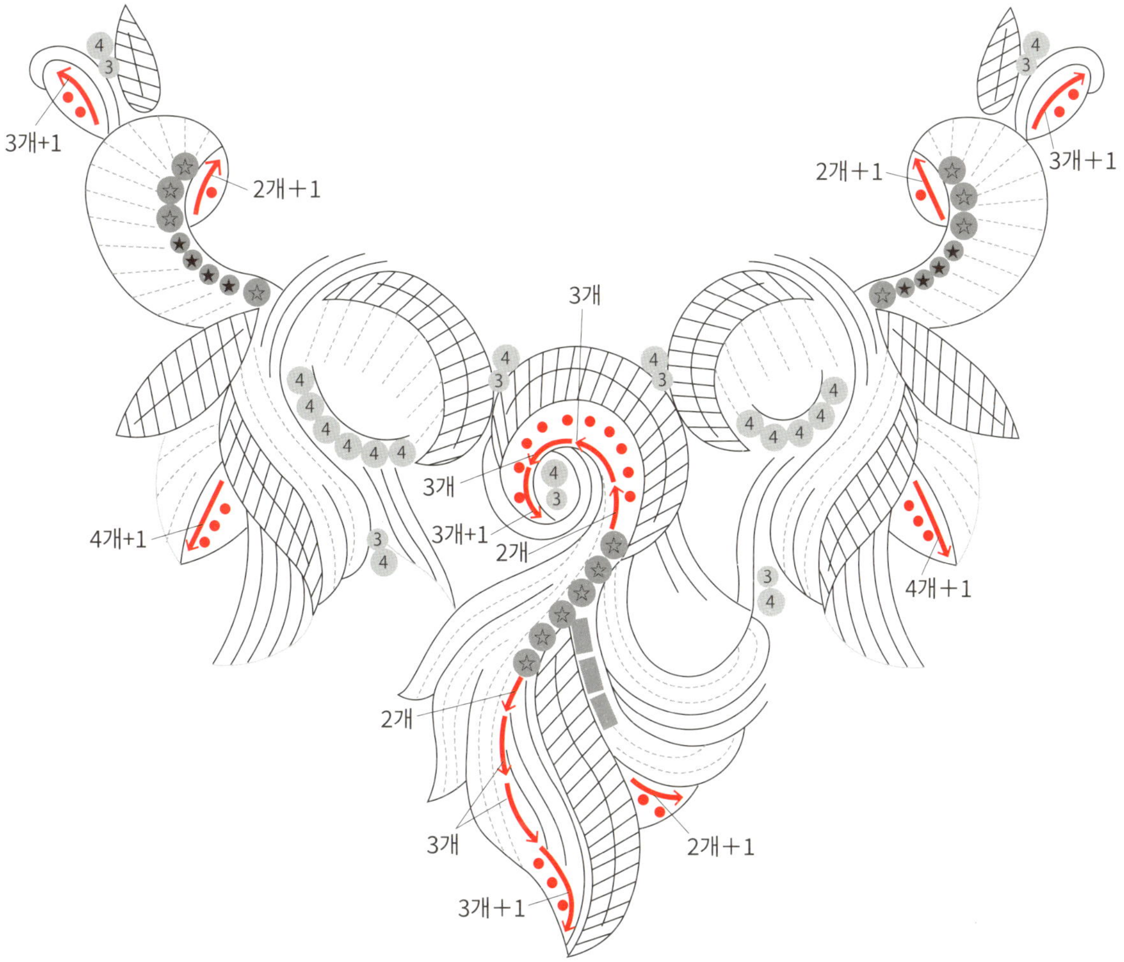

3개+1

2개+1

4개+1

3개

4
3

3개

3개+1

2개

2개

3개

3개+1

2개+1

2개+1

3개+1

4개+1

3
4

메탈릭 뱅글
THOLOBATE   P.22   난이도

재료
스팽글/ 5mm 기요세(guilloche) / 페일 골드 ⋯약 170개 (P)
스팽글/ 4mm 육각/ 메탈릭 페일 골드 ⋯54개 (P)
13/0 샬롯 비즈/ 블랙 ⋯약 700개 (P)
실에 꿰어진 진주/ 2mm / 무광 블랙 ⋯106개 (P)
메탈 비즈/ 3×3mm / 소프트 골드 ⋯24개 (K)
메탈 비즈/ No.15666 / 소프트 골드 ⋯36개 (K)
큰 구멍 론델/ 표면에 일정한 줄이 들어간 형태 8mm /
　　　　　　　　　　　　　　　 골드 ⋯6개 (K)
판형 뱅글대/ 헤어라인 가공 25mm / 골드 ⋯1개 (K)
필라가(Fil a gant) / #180 (블랙)(P)
필라가(Fil a gant) / #308 (에크루)(P)

투명사 (P)
극세 금사 (P)
오건디(화이트)
양면 접착심
패브릭용 양면 접착 스티커
합성피혁 (블랙)

도구
크로셰 80호
비즈 바늘 12호
자수틀
다리미

만드는 법

1. 오건디에 도안을 베껴 수틀에 끼웁니다.
   [자수 도안 + 자수 바느질법]을 참조하여 수를 놓습니다.

2. 수틀에 끼운 상태에서 자수 모티브 뒷면에 양면 접착심을
   다리미(중간 온도, 스팀 사용하지 않음)로 붙인 후, 자수
   모티브에서 0.7cm 정도의 시접을 주고 자릅니다.
   가위집을 내고 박리지를 벗겨 작품 뒤쪽으로 접어 다리미
   끝으로 살짝 눌러 붙입니다.

3. 합성피혁을 자수 모티브와 같은 치수로 자릅니다.
   뱅글대를 자수 모티브와 합성피혁 사이에 맞춰 끼워 양면
   접착 스티커로 일부분을 임시 고정합니다.

4. 비즈 바늘에 투명사를 꿰어 두 가닥으로 만든 후, 위 **3**의
   가장자리를 0.3~0.4cm의 바늘땀으로 감침질 합니다.
   그림 1과 같이 삐져나온 부분을 자르고 모양을 잡은 후
   나머지를 감침질 합니다.
   ※직선이 많고 길이감이 있는 도안이다 보니 도안을 베낄
   　때나 원단을 수틀에 끼울 때 일그러지지 않도록 주의가
   　필요합니다.

사진 1

1-G

그림 1

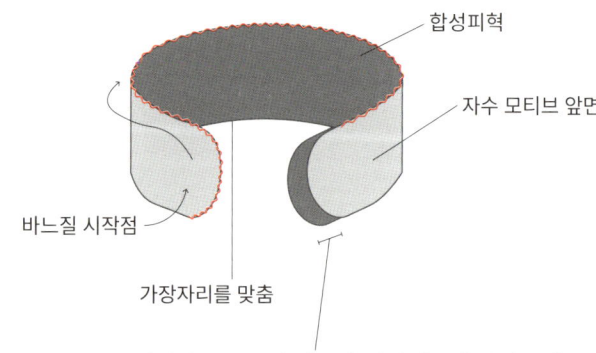

합성피혁
자수 모티브 앞면
바느질 시작점
가장자리를 맞춤

바느질해나가다 보면 뱅글의 바깥지름과 안지름의
길이 차이로 합성피혁이 삐져나오게 됩니다.
그림의 위치까지 꿰맨 후에는 불필요한 여분을 자르고
나머지를 바느질 합니다.

자수 도안 + 자수 바느질법 [실물 크기]　　※지정한 경우를 제외하고 작품 앞면이 위로 향하게 수틀에 끼웁니다.
　　　　　　　　　　　　　　　　　　　　※**1-A~D**:크로셰 사용 / **1-E~H**:비즈 바늘 사용
　　　　　　　　　　　　　　　　　　　　※**1-E~H**는 매번 작은 스티치를 하여 단단히 고정합니다.

1-A. 극세 금사로 한 땀의 길이 2mm 정도의 체인 스티치를 합니다.

1-B. 렘플리사지 기법을 사용해 극세 금사로 면을 채웁니다(p.46).

1-C. 작품 앞면이 아래로 향하게 수틀에 끼워 필라가(에크루)로 스팽글(5mm)을 수놓습니다.

1-D. 작품 앞면이 아래로 향하게 수틀에 끼워 필라가(블랙)로 샬롯 비즈를 수놓습니다. 모서리 부분은 p.44 ②와 p.77 **그림 1**을 참조하여 각이 잘 살도록 깔끔하게 수놓습니다.

1-E. 투명사로 **그림 2**와 같이 타원 안을 채웁니다.

①
②

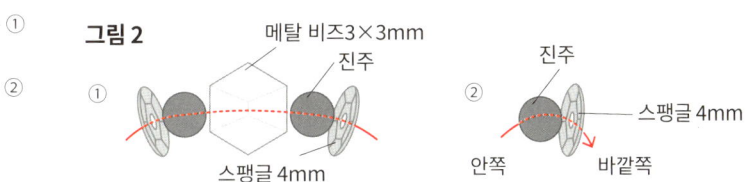

그림 2

① 메탈 비즈3×3mm　진주　스팽글 4mm

② 진주　스팽글 4mm　안쪽　바깥쪽

타원의 양 끝은 안쪽에서 바깥쪽으로 수놓음

1-F. 투명사로 **그림 3**과 같이 수놓습니다.

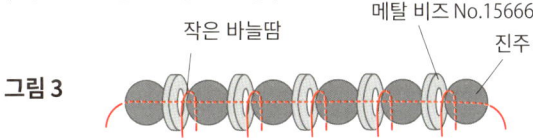

작은 바늘땀　메탈 비즈 No.15666　진주

그림 3

진주와 금속 비즈를 번갈아 꿰어 한 번의 바늘땀으로 수놓은 후 작은 바늘땀으로 고정합니다.

1-H. 투명사를 사용해 한 번의 바늘땀으로 론델을 사이에 끼우듯 가로질러 진주 5개를 수놓습니다.

1-G. **그림 4**와 같이 론델과 샬롯 비즈를 수놓습니다(**사진 1**).

그림 4

론델

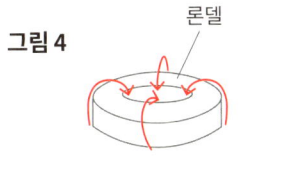
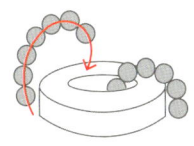

투명사를 사용해 네 곳을 밖에서 안으로 수놓습니다.

샬롯 비즈 7개를을꿰어 밖에서 안으로 한 번의 바늘땀으로 수놓습니다. 매번 작은 스티치를 합니다.

FOURMIS VOLANTES P.24

난이도

재료 (B)

스팽글 / 4mm 평면 / 페일 파르마 …약 80개 (P)
환소 비즈 / #136F (옐로우) …약 60개 (M)
환소 비즈 / #421 (아이보리) …약 30개 (M)
13/0 샬롯 비즈 / 메탈릭 실버 …14개 (P)
트위스트 비즈 / 2×9mm / TW2021 (화이트) …4개 (M)
키와제작소 크리스탈 진주 / #5810 8mm / 라이트 크림로즈 …1개 (K)
키와제작소 크리스탈 진주 / #5810 5mm / 라이트 크림로즈 …1개 (K)
라인스톤 / 물방울 11×6mm / 체코 크리스탈 …1개 (P)
리본 / NO.1500 / 11mm / 핑크 No.30 …10cm (MK)
라메 자수실 / R_108 (핑크) …100cm (E)
조화 핀 (브로치 핀) / 니켈 / 20mm …1개 (K)
필라가(Fil a gant) / #100 (화이트)(P)
필라가(Fil a gant) / #335 (카나리아 (canary/병아리 노랑색))(P)
필라가(Fil a gant) / #501 (푸크시아 핑크)(P)
필라가(Fil a gant) / #594 (핑크)(P)

극세 금사 (P)
오건디 (화이트)
패브릭용 양면 접착 스티커
합성피혁 (화이트)

도구 (A, B 공통)

크로셰 80호
비즈 바늘 12호
자수틀
목공용 접착제

만드는 법 (A, B 공통)

1. 오건디에 도안을 베껴 자수틀에 끼웁니다.
   [자수 도안 + 자수 바느질법]을 참조하여 수를 놓습니다.
2. 그림 2를 참조하여 태슬을 만들어 필라가(푸크시아 핑크)로 꿰매 붙입니다.
3. 그림 3을 참조하여 리본으로 주름을 만들어 꿰매 붙입니다.
4. 액세서리 만들기의 기본(p.51)을 참조하여 만듭니다. 태슬은 합성피혁에서 바깥쪽으로 나오므로 목공용 접착제가 묻지 않도록 주의합니다. 또한 자를 때는 겉의 부자재를 자르지 않도록 합니다.

자수 도안 + 자수 바느질법
[실물 크기]

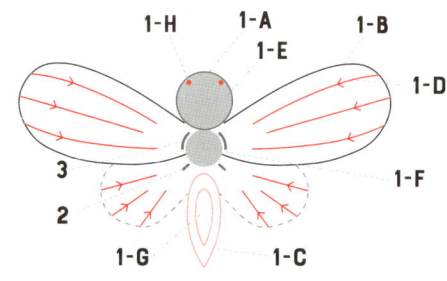

※지정한 경우를 제외하고 실은 필라가(화이트)를 사용합니다.
※지정한 경우를 제외하고 바늘은 크로셰를 사용합니다.
※1-A, E, F, G, H: 작품 앞면이 위로 향하게 수틀에 끼운다 /
  1-B, C, D: 작품 앞면이 아래로 향하게 수틀에 끼운다.

1-A. 극세 금사로 한 바퀴 수놓습니다.
1-B. 필라가(병아리색)로 환소 비즈(옐로우)를 수놓습니다.
1-C. 환소 비즈(아이보리)를 수놓습니다.
1-D. 필라가(핑크)로 스팽글을 수놓습니다.
1-E. 비즈 바늘로 진주(8mm)를 수놓습니다.
1-F. 비즈 바늘로 진주(5mm)를 수놓습니다.
1-G. 비즈 바늘로 비즈 위에서부터 라인스톤을 꿰매 붙입니다.
1-H. 그림 1과 같이 비즈 바늘로 곤충의 더듬이를 만듭니다.

형지 [실물 크기]
합성피혁

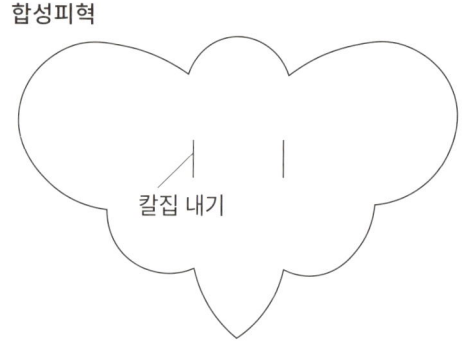

칼집 내기

그림 1

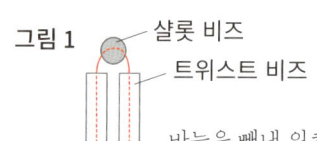

샬롯 비즈
트위스트 비즈

바늘을 빼낸 위치 바로 옆에 바늘을 넣습니다.
1-A 금사 스티치 안쪽임에 주의하세요.

재료 (A) ※도구, 만드는 법은 p.86 (B) 참조

스팽글 / 4mm평면 / 페일 블루 ⋯약 30개 (P)
쓰리컷 비즈 / #412B (물색) ⋯약 30개 (M)
환소 비즈 / #421 (아이보리) ⋯약 30개 (M)
13/0 샬롯 비즈 / 메탈릭 실버 ⋯13개 (P)
트위스트 비즈 / 2×9mm / TW2021 (화이트) ⋯2개 (M)
슬렌더 뷰글 비즈(Slender Bugle Beads) /
　　　　　　1.3×3mm / SLB593 (다크 베이지 실론) ⋯6개 (M)
키와제작소 크리스탈 진주 / #5810 8mm /라이트크림로즈⋯1개 (K)
키와제작소 크리스탈 진주 / #5810 5mm /라이트크림로즈⋯1개 (K)
라인스톤 / 물방울 11×6mm /체코 크리스탈 ⋯1개 (P)

리본 / NO.1500 / 11mm /
　　　　　　라이트 그레이 No.6⋯5cm (MK)
라메 자수실 / R_230 (터쿼이즈(터키석))⋯50cm (E)
조화 핀(브로치 핀) / 니켈 / 15mm⋯1개 (K)
필라가(Fil a gant) / #100 (화이트)(P)
필라가(Fil a gant) / #742 (물색)(P)
필라가(Fil a gant) / #752 (미디엄 블루)(P)
극세 은사 (P)
오건디 (화이트)
패브릭용 양면 접착 스티커
합성피혁 (화이트)

그림 2 (A, B 공통)

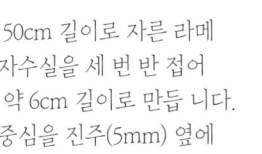

약 6cm

약 1cm

50cm 길이로 자른 라메 자수실을 세 번 반 접어 약 6cm 길이로 만듭 니다. 중심을 진주(5mm) 옆에 꿰매 붙입니다.

꿰맨 바느질 자리에서 다시 반으로 접어 두세 번 꿰맵니다. 태슬을 약1cm길이로 맞춰 자르고 한데 묶은 부분에 샬롯 비즈 6개를 한꺼번에 꿰매 붙입 니다.

그림 3 (A, B 공통)

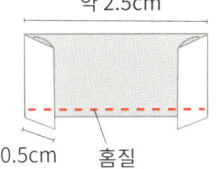

약 2.5cm

0.5cm 홈질

약 4.5cm 길이로 자른 리본 양 끝을 세 겹이 되도록 접은 후 홈질합니다. 폭 0.5cm 정도로 줄여 지정 위치에 꿰매 붙입 니다.

그림 4

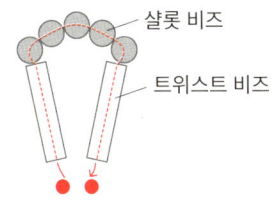

샬롯 비즈
트위스트 비즈

그림 5

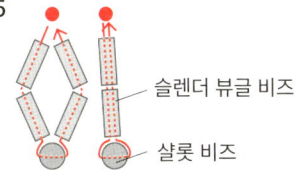

슬렌더 뷰글 비즈
샬롯 비즈

형지 [실물 크기]

합성피혁

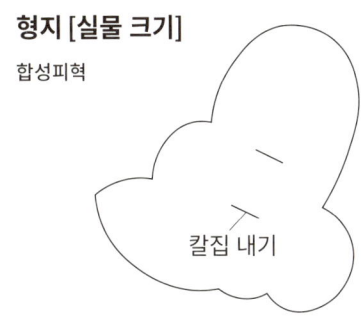

칼집 내기

자수 도안 + 자수 바느질법 [실물 크기]

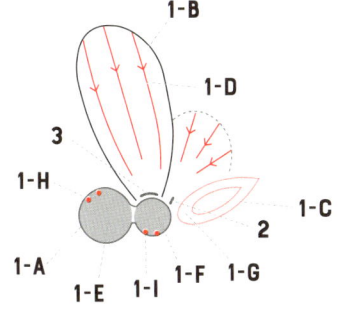

1-B
1-D
3
1-H
1-C
2
1-A
1-E 1-I 1-F 1-G

※ 지정한 경우를 제외하고 실은 필라가(화이트)를 사용합니다.
※ 지정한 경우를 제외하고 바늘은 크로셰를 사용합니다.
※1-A、E~H:작품 앞면이 위로 향하게 수틀에 끼운다 /
　　1-B~D:작품 앞면이 아래로 향하게 수틀에 끼운다.

1-A. 극세 은사로 머리와 몸통을 한 바퀴 수놓습니다.
1-B. 필라가(물색)로 쓰리컷 비즈(물색)를 수놓습니다.
1-C. 환소 비즈(아이보리)를 수놓습니다.
1-D. 필라가(물색)로 스팽글을 수놓습니다.
1-E. 비즈 바늘로 진주(8mm)를 수놓습니다.
1-F. 비즈 바늘로 진주(5mm)를 수놓습니다.
1-G. 비즈 바늘로 비즈 위에서부터 라인스톤을 꿰매 붙입니다.
1-H. 그림 4와 같이 비즈 바늘로 곤충의 더듬이를 만듭니다.
1-I. 그림 5와 같이 비즈 바늘로 곤충의 다리를 만듭니다.

COLLIER
DONUTS

P.24

난이도

재료

스팽글 / 5mm 평면 / 아이보리 화이트 …약 70개 (P)
극소 비즈 / No.174 (오렌지) …약 110개 (T)
실에 꿰어진 비즈 / 2mm / 모카 …약 150개 (P)
키와제작소 크리스탈 / #5000 4mm / 블루 지르콘 …4개 (K)
체코 비즈 / 리플(잔물결) 12mm / 실크 화이트 펄 …3개 (K)
체인 / K-202 / 골드 …50cm (K)
O링 / 0.8×5mm / 골드 …8개 (K)
9핀 / 0.7×57mm / 골드 …3개 (K)
황동 토글바 / No.5 / 골드 …1세트 (K)
필라가(Fil a gant) / #100 (화이트)(P)
필라가(Fil a gant) / #302 (린넨 베이지)(P)
필라가(Fil a gant) / #501 (푸크시아 핑크)(P)

오건디 (화이트)
패브릭용 양면 접착 스티커
합성피혁 (실버)
※ 실에 꿰어진 진주의 실이 두 가닥으로
되어 있으므로 필라가 실로 옮길 때
한 가닥만 매듭짓고 다른 한 가닥은
매듭에 걸리지 않도록 자릅니다.

도구

크로셰 80호
비즈 바늘 12호
자수틀
목공용 접착제,
금속용 접착제, 평집게,
둥근 집게, 니퍼

만드는 법

1. 오건디에 도안을 베껴 수틀에 끼웁니다.
   [자수 도안 + 자수 바느질법]을 참조하여 자수를 진행
   합니다.
2. 액세서리 만들기의 기본(p.51)을 참조하여 자수
   모티브 3개의 여분 부분을 뒷면으로 접습니다.
   합성피혁을 자수 모티브와 같은 크기로 자릅니다.
3. 그림 1을 참조하여 9핀 끝부분에 고리를 만듭니다.
   소량의 금속용 접착제를 발라 자수 모티브 뒷면에
   고정합니다.
4. 목공용 접착제를 3의 뒷면에 발라 합성피혁을 붙인 후
   말립니다.
5. 그림 2를 참조하여 체인을 지정한 길이로 자른 후
   3개의 자수 모티브와 토글바(OT장식)를 O링으로
   연결합니다.

그림 1

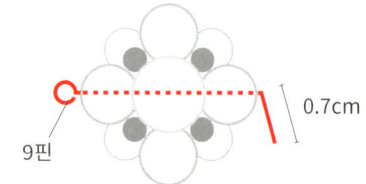

9핀을 자수 모티브에 대고 삐져나온 부분을
구부린 후 0.7cm를 남기고 자릅니다.
0.7cm 부분을 둥근 집게로 구부려 자수 모티브
양 끝에 고리가 만들어진 형태가 되도록 합니다.

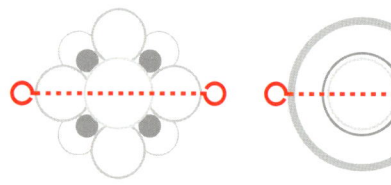

체인의 양쪽 가장자리에 위치할 자수 모티브에는
9핀을 중심에 놓습니다.

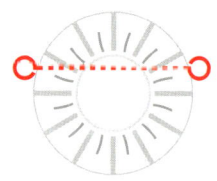

가운데 위치할 자수
노티브에는 9핀을
중심보다 약간 위쪽에
고정하면 착용 시
뒤집히지 않습니다.

그림 2

약 15cm (14칸)　　　　약 6cm (6칸)　　　약 2.8cm (3칸)　　　약 18.5cm (17칸)

토글바 (링)　　　　　　　　　　　　　　　　　　　　　　　　토글바 (바)

자수 도안 + 자수 바느질법 [실물 크기]

※ 지정한 경우를 제외하고 실은 필라가(푸크시아 핑크)를 사용합니다.
※ 지정한 경우를 제외하고 바늘은 크로셰를 사용하며,
　작품 앞면이 아래로 향하게 수틀에 끼웁니다.

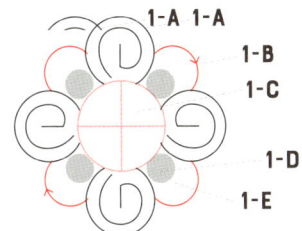

1-A.
필라가(린넨 베이지)로 진주를 수놓습니다.
1-B.
필라가(화이트)로 스팽글을 수놓습니다.
1-C.
작품 앞면이 위로 향하게 수틀에 끼워 비즈 바늘로 체코 비즈를 수놓습니다. 밖에서 안쪽으로, 방사형으로 8회 자수를 진행합니다.
1-D.
작품 앞면이 위로 향하게 수틀에 끼워, 비즈 바늘로 크리스탈을 꿰매 붙입니다.
1-E.
작품 앞면이 위로 향하게 수틀에 끼워 비즈 바늘로 극소 비즈 4개를 한꺼번에 수놓습니다.

1-E
크리스탈과 스팽글의 틈을 메워줍니다.

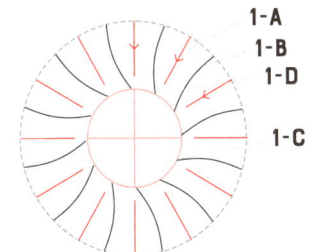

1-A.
필라가(화이트)로 스팽글을 수놓습니다.
1-B.
필라가(린넨 베이지)로 진주를 수놓습니다.
1-C.
작품 앞면이 위로 향하게 수틀에 끼워 비즈 바늘로 체코 비즈를 수놓습니다. 밖에서 안쪽으로, 방사형으로 8회 자수를 진행합니다.
1-D.
작품 앞면이 위로 향하게 수틀에 끼워 비즈 바늘로 극소 비즈 4개를 한꺼번에 수놓습니다.

1-D
체코 비즈 가장자리에서 바늘을 빼내어 스팽글 구멍으로 바늘을 집어 넣습니다.

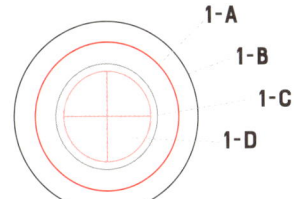

1-A.
필라가(화이트)로 스팽글을 수놓습니다.
1-B.
필라가(린넨 베이지)로 진주를 수놓습니다.
1-C.
극소 비즈를 수놓습니다.
1-D.
작품 앞면이 위로 향하게 수틀에 끼워 비즈 바늘로 체코 비즈를 수놓습니다. 밖에서 안쪽으로, 방사형으로 8회 자수를 진행합니다.

ŒUFS

P.26

난이도

재료 (핑크)

스팽글 / 평면 3mm / 메탈릭 실버 …약 60개 (P)

쓰리컷 비즈 / #1847 (핑크) …약 150개 (M)

극소 비즈 / No.129 (오렌지) …약 50개 (T)

키와제작소 크리스탈 진주 / #5810 5mm /
파우더 로즈 …3개 (K)

라인스톤 / 6mm / 체코 크리스탈 …2개 (P)

라인스톤 / 5mm / 체코 크리스탈 …1개 (P)

라인스톤 / 물방울 11×6mm / 체코 크리스탈 …1개 (P)

조화 핀 (브로치 핀) / 니켈 / 25mm…1개 (K)

필라가(Fil a gant) / #100 (화이트)(P)

필라가(Fil a gant) / #501 (푸크시아 핑크)(P)

필라가(Fil a gant) / #594 (핑크)(P)

오건디 (화이트)

패브릭용 양면 접착 스티커

합성피혁 (화이트)

도구 (4점 공통)

크로셰 80호

비즈 바늘 12호

자수틀

목공용 접착제

만드는 법 (4점 공통)

1. 오건디에 도안을 베껴 수틀에 끼웁니다.

[자수 도안+자수 바느질법]을 참조하여 자수를 진행합니다.

2. 액세서리 만들기의 기본(p.51)을 참조하여 만들기를 진행합니다.

자수 도안 + 자수 바느질법

[실물 크기]

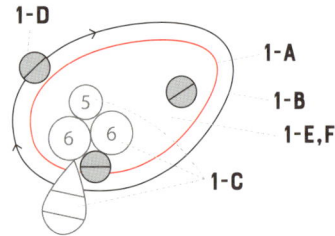

1-D

1-A

1-B

1-E,F

1-C

5

6 6

⑤ = 라인스톤 5mm

⑥ = 라인스톤 6mm

◖◗ = 진주

▽ = 라인스톤 물방울

형지 [실물 크기]

합성피혁

칼집 내기

※**1-A**, **B**, **E**, **F** = 크로셰 : 작품 앞면이 아래로 향하게 수틀에 끼운다 /
1-C, **D** = 비즈 바늘 : 작품 앞면이 위로 향하게 수틀에 끼운다.

1-A.
필라가(푸크시아 핑크)를 사용해 쓰리컷 비즈를 도안선을 따라 한 바퀴 수를 놓습니다.

1-B.
필라가(화이트)로 스팽글을 수놓습니다.

1-C.
필라가(화이트)로 라인스톤 3종을 꿰매 붙입니다.

1-D.
필라가(핑크)로 진주를 수놓습니다.

1-E.
베르미셀 기법으로 **A**의 안쪽을 쓰리컷 비즈로 채우고, **사진 1**을 참조하여 다시 한 단 겹쳐서 캐비어처럼 만듭니다 (p.47).

1-F.
베르미셀 기법을 이용해 필라가(푸크시아 핑크)로 극소 비즈를 수를 놓습니다. 빽빽하게 채우지 말고 드문드문 채워주세요.

사진 1

3단= 극소 비즈
2단= 쓰리컷 비즈
1단= 쓰리컷 비즈
총 3단의 캐비어

크로셰로 캐비어 모양을 만들기 어려운 경우 2단과 3단은 비즈 바늘을 사용해도 좋습니다.

블루
도구, 만드는 법, 합성피혁의 형지는
p.90의 (핑크)를 참조하고, 다음에 기재한 재료만 바꿔주면 됩니다.

• 스팽글 / 메탈릭 실버 (P) → 메탈릭 페일 골드 (P)
• 쓰리컷 비즈 / #1847 (핑크) (M) → No.167BD (청록색) (T)
• 극소 비즈 / No.129 (오렌지) (T)
　　　　　　　　→ 13/0 샬롯 비즈 / 터쿼이즈 블루 (P)
• 키와제작소 크리스탈 / 진주 파우더 로즈 → 라이트 블루 (K)
• 필라가 / #308 (에크루) , #742 (물색) , #752 (미디엄 블루) (P)

골드
도구, 만드는 법, 합성피혁의 형지는
p.90의 (핑크)를 참조하고, 다음에 기재한 재료만 바꿔주면 됩니다.

• 스팽글 / 메탈릭 실버 (P) → 메탈릭 페일 골드 (P)
• 쓰리컷 비즈 No.1847 (핑크) (M)
　　　　　　　　→ 9/0 쓰리컷 비즈 / 샴페인 골드 (P)
• 극소 비즈 / No.129 (오렌지) (T) → 사용하지 않음
• 키와제작소 크리스탈 진주 / 파우더 로즈 (K) → 라이트 블루 (K)
• 필라가 / #308 (에크루) , #742 (물색) (P)
※ 캐비어는 2단으로 구성하며, 두 개 단 모두 9/0 쓰리컷 비즈를
　사용합니다.

재료 (화이트)
스팽글 / 3mm 평면 / 메탈릭 실버 …약 60개 (P)
10/0 쓰리컷 비즈 / 크리스탈 실버 …약 150개 (P)
키와제작소 크리스탈 진주 / #5810 5mm / 파우더 로즈 …2개 (K)
키와제작소 크리스탈 진주 / #5810 5mm / 라이트 블루 …1개 (K)
키와제작소 크리스탈 / #5328 4mm / 피셔 …2개 (K)
키와제작소 크리스탈 / #5328 4mm / 블루 지르콘 …2개 (K)
라인스톤 / 물방울 11×6mm / 크리스탈 …1개 (P)
조화 핀 / 니켈 / 25mm…1개 (K)

필라가(Fil a gant) / #100 (화이트) (P)
필라가(Fil a gant) / #594 (핑크) (P)
필라가(Fil a gant) / #742 (물색) (P)
오건디 (화이트)
패브릭용 양면 접착 스티커
합성피혁 (화이트)

※ 도구, 만드는 법, 합성피혁의 형지는
　p.90의 (핑크)를 참조하세요.

자수 도안 + 자수 바느질법
[실물 크기]

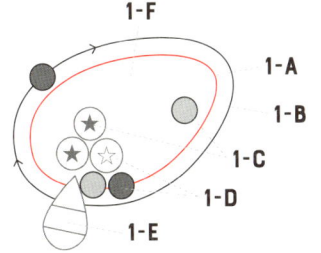

★ =진주 (파우더 로즈)
☆ =진주 (라이트 블루)
 =라인스톤 물방울

⬤ =크리스탈 (피셔)
⬤ =크리스탈 (블루 지르콘)

※ 1-A, B, F = 크로셰 : 작품 앞면이 아래로 향하게 수틀에 끼운다 /
　 1-C, D, E = 비즈 바늘 : 작품 앞면이 위로 향하게 수틀에 끼운다.

1-A.
필라가(화이트)를 사용하여 쓰리컷 비즈를 도안선을 따라 한 바퀴 수놓습니다.
1-B.
필라가(화이트)로 스팽글을 수놓습니다.
1-C.
필라가(핑크)로 진주(파우더 로즈) 두 개과 크리스탈(피셔) 두 개를 꿰매 붙입니다.
1-D.
필라가(물색)로 진주(라이트 블루) 한 개과 크리스탈(블루 지르콘) 두 개를 꿰매 붙입니다.
1-E.
필라가(화이트)로 물방울 모양의 라인스톤을 꿰매 붙입니다.
1-F.
베르미셸 기법을 이용해 A안쪽을 쓰리컷 비즈로 채운 후, 다시 한 단 겹쳐 캐비어 모양
으로 만듭니다 (p.47).

OSTEICHTHYENS P.28

난이도

재료

스팽글 / 5mm 평면 / 로즈 오팔 (핑크) …약 900개 (P)
스팽글 / 5mm 평면 / 크리소콜라 (블루) …약 600개 (P)
스팽글 / 5mm 평면 / 청연석 (녹색) …약 300개 (P)
스팽글 / 5mm 평면 / 산호 (오렌지) …약 900개 (P)
11/0 사각홀 비즈 / 디아망테 실버 …약 900개 (P)
큰 구멍 코튼펄 진주 / 16mm / 화이트 …1개 (K)
조화 핀 (브로치 핀) / 니켈 / 30mm …1개 (K)
아티스틱 와이어 / #24 / 논타니쉬 실버 …45cm×9개 (N)
아티스틱 와이어 / #34 / 논타니쉬 실버 …280cm (N)

필라가(Fil a gant) / #501 (푸크시아 핑크) (P)
필라가(Fil a gant) / #752 (미디엄 블루) (P)
필라가(Fil a gant) / #879 (피코크그린) (P)
오건디 (화이트)

도구

크로셰 80호
비즈 바늘 12호
자수틀
목공용 접착제,
금속용 접착제,
평집게, 둥근 집게,
니퍼, 종이컵, 펜

자수 놓는 방법

1. 45cm 길이로 자른 24호 와이어 9가닥의 끝부분을 둥근
집게로 지름 2.5mm 정도로 구부립니다.

2. 오건디에 도안을 베껴 수틀에 끼웁니다.
[자수 도안 + 자수 바느질법]을 참고하면서 자수를 진행
합니다.

3. 그림 1을 참고하여 뿌리 부분의 와이어를 둥글게 구부린
후 움직이지 않도록 비즈 바늘로 고정합니다.

4. 푸엥 리슈 기법으로 수놓은 가장자리에 소량의 물로
희석한 목공용 접착제를 발라 말린 후, 작품 앞면에서
오건디가 보이지 않도록 자릅니다.

그림 1

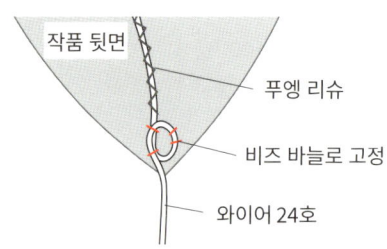

자수 도안 + 자수 바느질법 [실물 크기]   ※ 실 끝은 모두 매듭지어 주세요.

블루×2장 / 실은 모두 필라가를 사용 (미디엄 블루)
오렌지×3장 / 실은 모두 필라가를 사용 (푸크시아 핑크)

핑크×3장 / 실은 모두 필라가를 사용 (푸크시아 핑크)
녹색×1장 / 실은 모두 필라가를 사용 (피코크 그린)

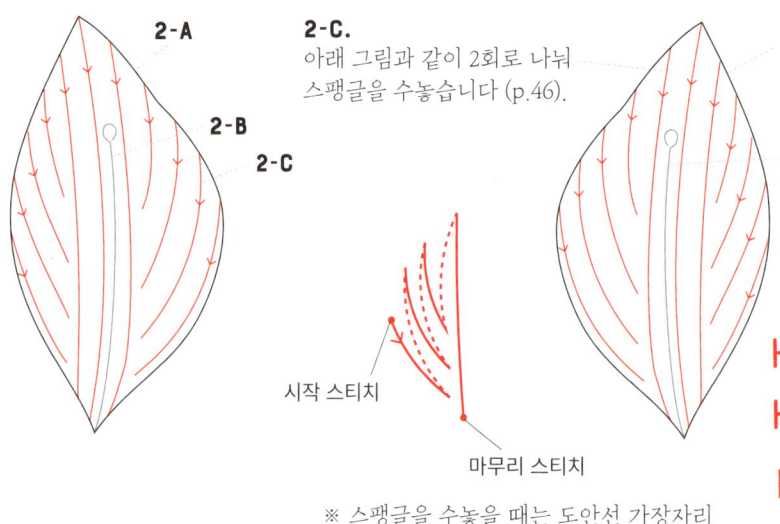

2-A.
와이어를 넣지 않고 **푸엥 리슈 기법**으로
한 바퀴 수놓습니다 (p.47).

2-B.
와이어를 실크 핀으로 임시 고정한 후
와이어의 뿌리 부분을 0.5cm 남기고
푸엥 리슈로 고정합니다.

2-C.
아래 그림과 같이 2회로 나눠
스팽글을 수놓습니다 (p.46).

시작 스티치

마무리 스티치

※ 스팽글을 수놓을 때는 도안선 가장자리
에서부터 시작합니다.

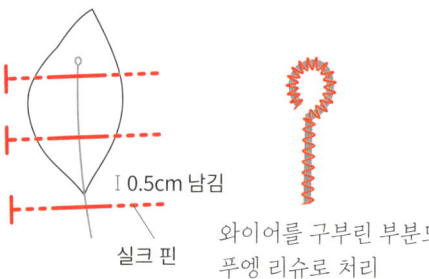

Ι 0.5cm 남김

실크 핀

와이어를 구부린 부분도
푸엥 리슈로 처리

작품 만드는 방법

1. 그림 1을 참조하여 꽃잎 9장을 조금씩 어긋나게 포갭니다. 꽃잎에서 뻗어 나온 와이어를 전부 함께 살짝 꼬아 두면 다음 작업을 하기가 쉽습니다.

2. 250cm 길이로 자른 34호 와이어를 꽃잎에서 뻗어 나온 와이어의 뿌리 부분에 몇 차례 감습니다. 34호 와이어의 끝은 말아 넣습니다.

3. 34호 와이어에 사각홀 비즈를 150cm 정도의 길이에 맞춰 꿰어, 비즈를 뿌리 부분 쪽으로 밀어붙여 줄기가 24cm가 될 때까지 감습니다. 나머지 비즈를 와이어에서 빼낸 후 와이어만을 몇 차례 세게 감아 1cm 남겨 놓고 자릅니다 (**그림 2**).

4. 3의 와이어 부분을 코튼펄 진주 구멍에 넣고 금속용 접착제로 고정합니다. 와이어가 잘 안 들어가는 경우는 수예용 송곳 등으로 구멍 안의 거스러미를 깨끗하게 제거합니다.

5. 줄기의 뿌리 부분을 90°로 구부립니다 (**그림 3**).

6. 30cm 길이로 자른 34호 와이어를 절반으로 접고 브로치 핀의 오목한 부분에 겁니다 (**그림 4**). 브로치 핀을 부착 위치에 대고 와이어 두 가닥으로 핀과 줄기를 함께 감아 고정합니다.

7. 사진 1, 2를 참조하여 8자 모양으로 줄기를 구부리고, 꽃잎 와이어를 구부려 표정을 살립니다.

그림 1

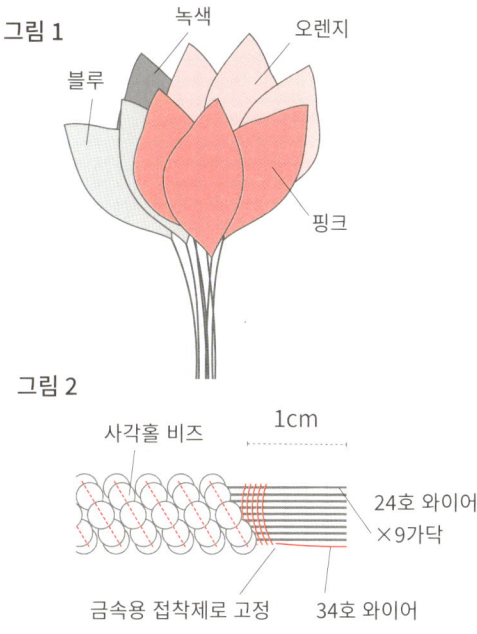

블루　녹색　오렌지
핑크

그림 2

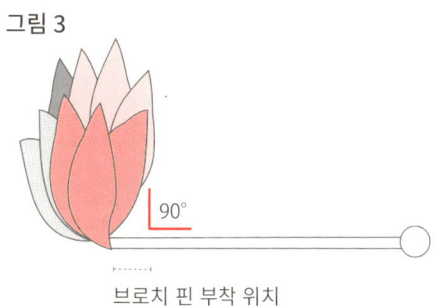

사각홀 비즈
1cm
24호 와이어
×9가닥
금속용 접착제로 고정
34호 와이어

그림 3

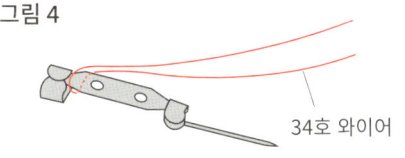

90°
브로치 핀 부착 위치

그림 4

34호 와이어

사진 1

뒷면

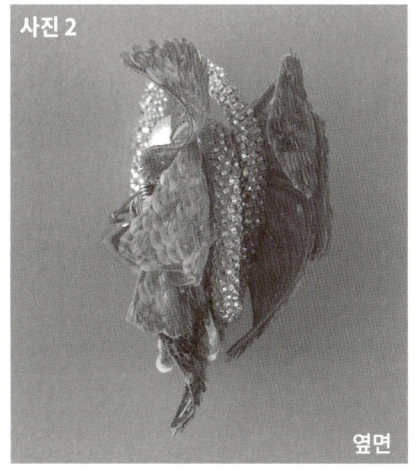

사진 2

옆면

93

小さな手芸屋さん／

PetiteMercerie

작은 수예 가게

보기 드문 재료들을 갖춰놓은
오트쿠튀르 자수 전문 온라인 숍

https://petitemercerie.com
instagram : @petitemercerie
twitter : petitemercerie
LINE 공식 : petitemercerie

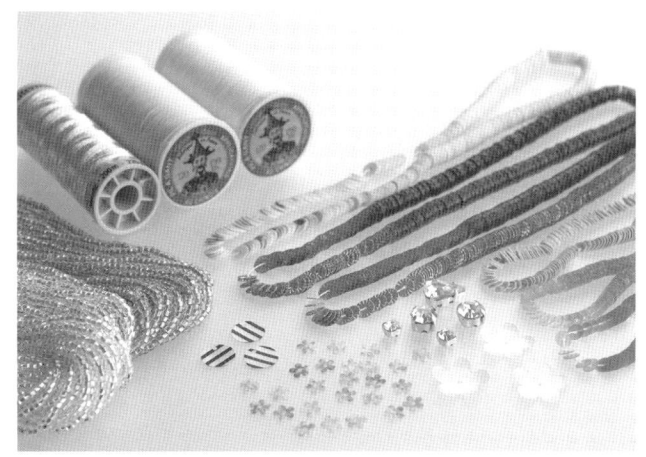

본고장 파리에서 사용되고 있는 프랑스제 스팽글과 형형색색의 체코 시드 비즈 등,
일본에서는 좀처럼 손에 넣기 힘든 자수 재료를 취급하고 있습니다.
작가 특유의 관점에서 제시해 주는 어드바이스와 더불어 다양한 작품 예시도 많아서 보고만 있어도
즐거워집니다. 비정기적으로 열리는 이벤트에서는 수백 종류의 재료를 만나볼 수 있습니다.

[재료 · 도구 제공]

Art Fiber Endo

2,000 종류가 넘는 오리지널 상품을 갖추고 있는 교토의 자수실 취급점. 다른 곳에서는 찾아보기 힘든 독특한 실을 두루 갖추고 있습니다.

교토시 가미교구 오오미야도오리 사와라기초 아가루 히시아초 820
TEL.075-841-5425
https://www.artfiberendo.co.jp

MIYUKI

일본의 비즈 제조회사. 이 책에서는 대중적인 색상의 환소(2mm) 비즈를 주로 사용하고 있습니다.

히로시마현 후쿠야마시 미유키초 가미이와나리 749
TEL.084-972-4947
https://www.miyuki-beades.co.jp
https://www.beadsfactory.co.jp

Apollon

오트쿠튀르 자수 전용의 수틀과 크로셰 바늘 등의 도구를 개발 및 판매하고 있습니다. 자수하는 시간을 풍요롭게 해주는 멋진 디자인의 제품들입니다.

시즈오카현 후지노미야시 만노하라신덴 2962-43
info@apollonbroderie.jp
https://www.apollon-broderie.jp

MOKUBA

일본의 리본 제조회사.
이 책에서는 자수용으로는 물론이고 부자재로도 사용하고 있습니다.

MOKUBA 쇼룸
도쿄도 다이토구 쿠라마에 4-16-8
TEL.03-3864-1408

INAZUMA (우에무라(植村) 주식회사)

작품 전체의 이미지에 어울리는 핸드백의 금속장식 및 핸들을 풍부하게 갖추고 있습니다.

교토시 가미교구 가미초자마치도오리 쿠로몬히가시이루 스기모토초 459
TEL.075-415-1001
https://www.inazuma.biz/index.html

TOHO

일본의 비즈 제조회사. 이 책에서는 기본 색상의 유리 비즈를 주로 사용하고 있습니다.

히로시마시 니시구 미사사마치 2-19-19
TEL.082-237-5151
http://www.toho-beads.co.jp

[재료 취급점]

키와제작소

도쿄도 다이토구 아사쿠사바시 2-1-10
TEL.03-3863-5111 (본사)
https://www.kiwaseisakujo.jp/shop

신주쿠 오카다야 본점

도쿄도 신주쿠구 신주쿠 3-23-17
TEL.03-3352-5411
https://www.okadaya.co.jp/shop/c/c10/

타이호(泰豊) 트레이딩 주식회사 (ΝΟΙΣΕ)

도쿄도 치요다구 칸다 미사키초 2-4-1
TEL.03-5210-3171
https://www.rakuten.co.jp/noise/

* 판매점에 따라서는 취급하지 않는 상품이 있을 수도 있습니다.
* 상품의 종류와 명칭은 판매점 상황에 따라 변경될 수 있습니다.

Minami Filosa
필로사 미나미

오트쿠튀르 자수 재료 전문점인 '작은 수예 가게'의 오너이자 자수 작가.
본고장 프랑스의 오트쿠튀르를 동경하여 의류 디자이너로 활약하다 2011년에 프랑스로 건너가
자수학교 '에콜 르사주(Ecole Lesage)'에서 전문적인 자수 기술을 배운다. 파리에서 만난 아름다운
자수의 세계, 장인 기술의 가치, 그리고 만드는 즐거움을 전달하기 위해 강사로 활약 중이다.
뤼네빌 자수의 발전과 미래를 위해 폭넓은 활동을 이어가고 있으며 한 아이의 엄마이기도 하다.

작은 수예 가게 (온라인 숍)
https://petitemercerie.com

instagram : @petitemercerie
twitter : petitemercerie
LINE 공식 : petitemercerie

BRODERIE DE LUNÉVILLE

눈부시게 반짝이는 오트쿠튀르 자수
뤼네빌 크로셰 바늘로 만드는 오트쿠튀르 액세서리

2023년 4월 14일 초판 1쇄 발행
지은이 | 필로사 미나미
발행인 | 신재은
옮긴이 | 고정아

발행처 | 마피아싱글하우스
출판등록 | 2014년 4월 23일(제2014-000077호)

주소 | 서울특별시 동작구 동작대로35길 67 1F
전화 | (02) 579-2877
팩스 | (02) 6008-9915
홈페이지 | www.mafiasinglehouse.com
인스타그램 | @mafia_single_house
ISBN 979-11-958488-8-1 13630

원서 스태프

아트 디렉션·디자인	아마노 미호코
작품 촬영	로랑 마나
프로세스 촬영	야스다 죠스이 (문화출판국)
스타일링	스즈키 아키코
도안	gris
	작은 수예 가게
DTP 제작	하치몬지 노리코
교열	무카이 마사코
협력	Ako(Atelier Un Fil)
	작은 수예가게 직원 일동
편집	테즈카 사유리 (gris)
	미스미 사야코 (문화출판국)
일본어판 발행인	하마다 카츠히로

Mafia single house 「마피아 싱글하우스」는 꿈이 있는 사람들을 위한 수공예 전문 출판사입니다.